元戦艦武蔵
乗組員の「遺書」を
読んで考える

日本人と戦争責任

斎藤貴男
Saito Takao

森達也
Mori Tatsuya

高文研

はじめに

本書は、太平洋戦争中、戦艦武蔵に乗り組んで九死に一生を得た渡辺清氏の問題提起を受けて、その息子に当たる世代の一人――斎藤貴男氏と森達也氏が語りあったものである。

渡辺清氏は、一九二五（大正一四）年生まれ、一六歳で海軍に志願、敗戦までの四年間を前線で過ごした。戦後は、自己の戦争体験を文章化して伝えるとともに、一九七〇年～八一年、日本戦没学生記念会（わだつみ会）の事務局長を務めた。八一年七月二三日、膵《すい》臓がんにより死去。享年五六歳。

主な著作に、レイテ沖海戦で撃沈された戦艦武蔵での過酷な体験を描いた小説『海の城』『戦艦武蔵の最期』（以上、朝日選書）、復員してからの約半年間の日記をもとに、天皇観の劇的な変化と自らの戦争責任について考えるに至った精神遍歴を克明に描いた『砕かれた神』（岩波現代文庫）、遺著となった『私の天皇観』（辺境社）がある。

本書は、『私の天皇観』所収の論考から三編を収録した。

文中一部、敬称を略した。

※——もくじ

装丁＝商業デザインセンター・松田 礼一
写真・福井 理文

再び裏切られた「戦後」

原題「少年兵における戦後史の落丁」／初出『思想の科学』一九六〇年八月号

渡辺 清

「国家の規格品」としてできあがった十六歳の志願兵

僕は十六の年志願し水兵として海軍に入った。（志願兵の中には、教師や役場の兵事係などの甘い勧誘の口車にのせられてきたものも少なくなかったが、僕は直接誰からもそのような強制はうけなかった。したがって主観的には全く自発的な文字通りの志願である。）太平洋戦争開始直前の昭和十六（一九四一）年春だった。それから敗戦までの四年余をほとんど前線の艦隊勤務で過ごした。その間幾度か海戦にも参加し、一度は乗艦（武蔵）の撃沈にあい遭難したこともある。敗戦時は二等兵曹だった。これが僕の軍歴のあらましである。

僕は子供の頃から兵隊が好きだった。わけても「スマートな海軍」（当時の僕にはそう思えた）

に強く魅かれていた。狭苦しい山国に育った僕にとって、広々とした青い海と、その上を自由に走り廻ることのできる船というものはたまらない魅力だった。ことに「雄大な構成美をもつ威風堂々」たる軍艦への憧れは強かった。これにはニュース映画や、雑誌などの軍艦の絵や写真、また教科書にもあった「軍神広瀬中佐」や「軍艦生活の朝」、「日本海々戦」や「勇敢なる水兵」などの物語、受持教師から聞かされた面白い遠洋航海のエピソード、たまに町でみかけるいきなセーラー服、勇壮な軍艦マーチの旋律等、それに学校での徹底した軍国主義的教育の影響が大きい。また、時代も「兵隊にあらずんば人間にあらず」といったふうな状況で、どこへいっても兵隊が幅をきかせていた。すでに戦火は大陸に拡がっていて、兵隊は「時代の花形」だったのである。

僕はまわりで兵隊がそのようにチヤホヤもてはやされるのを見たり、聞いたり、また新聞や少年雑誌でいろんな勇ましい「戦場美談」を読んだりして、自分も早く大きくなって「国の為」「天皇陛下の為」に直接役立つ兵隊になりたいと思った。ほとんどそれしか考えなかったと言ってよい。そんなふうだったから、僕はすでに小学校三、四年頃から、将来自分は必ず兵隊になろう、兵隊で一生を過ごそうと固く心に決めこんでいた。

当時の心境をいま動機論的に一応要約してみると、「俺みたいな百姓の子だって兵隊になりゃ偉くなれるんだ」（出世意識）「国を守り天皇陛下に尽せるのは兵隊だけなんだ」（忠誠意識）そして「その兵隊で死ねば俺みたいなやつでも天皇陛下がお詣りしてくれる靖国神社の神様になれるんだ」（価値意識）ということになろうか。

こうして僕は、幼時から「国家の規格品」として身ぐるみ兵隊につくられていたのだ。つまり、生まれ落ちてから一本調子に戦争の末端に組みこまれていたのである。やがて、というよりようやくのこと志願資格の最低年齢に達した僕は、その受付の第一日目に、雨の降る秋の田圃《たんぼ》道を、自分で書いて捺印した願書を持って村役場に駆けつけたのである。十五歳の年だった。

毎夜「武蔵」甲板で行われた凄惨なリンチ

海兵団に入ってしかし、僕の生活は一変した。はじめのうちはたしかに田舎出の僕にとって、見るもの、触れるものすべてが目新しく、こぎれいで豊かであった。僕はそこではじめて、メンチカツを食べ、毛のズボンをはき、皮靴というものに足を入れた。だが日がたつにつれて、軍隊というものが、娑婆《しゃば》で考えていたような生易《なまやさ》しいものでないということが、僕にもだんだんわかってきた。しかし、それを決定的な形で思い知らされたのは、海兵団での新兵教育を終えて艦隊に乗り組んでいってからである。

艦隊の甲板は荒れた。そこはそのまま暴力と私刑のジャングルであったと言っていい。その最もいい例が、夜の「甲板整列」であるが、僕らはそこで若い下士官や古い兵長たちからほとんど毎晩のように叩きのめされたのである。(これは善行章〈海軍の袖章の一つ。山型の袖章で三年間の勤務に対して一本つけられる〉が一本つくまで、まる三年間つづいた)言ってみれば、この甲板整列は、娑婆っ気を抜きとって、「人間」から「兵隊」を仕立てあげるための、いわば一種の儀式のようなものであったが、これに使われる責め道具にもいろいろ種類があった。まず一番よく使われたのが、渡し三尺（約九〇センチメートル）あまりの太い樫の棍棒である。これは一般に「軍人精神注入棒」とか「水兵さんの尻泣かせ」などと呼ばれていた。このほか、グランジパイプ（消防蛇管の筒先）、ハンドレール（細かい環の鉄の鎖）、木刀、ストッパー（わざと海水にひたして固くした太い麻縄）などが用いられた。

夜、釣床をおろし巡検がすむと、またはその前に、きまって甲板整列がかかるのだが、これをのがれられるのは当直中の番兵か休業患者ぐらいのものだ。僕らは右から年次順に受持甲板に整列する。するとそこへ片手に棍棒をさげた古い兵長たちが、入れ代り立ち代り前に出てきて、すでにこちらの聞きあきた「御託《ごたく》」を並べたてる。曰《いわ》く、キサマらはたるんでいる、デレデレしてやる気がない、そんなことで内地の親兄弟に顔むけができると思うのか等々、あげつらえばきりがない。要するに殴る前の口実である。

そして、そのあと僕らは一人ずつ順番に棍棒の前に走り出ていく。後ろでかまえた〝棍棒〟がいう。

「尻を出して、足を開け、手を上にあげろ！」

横須賀海兵団に入団した渡辺清・三等水兵（16歳、写真提供／渡邉總子）

僕らはこの姿勢を拒むことはできない。絶

対にできない。（上官の命令は直ちに朕《ちん》〈天皇〉の命令である。）僕らはそれにこたえてふるえ声で叫ぶ。

「一《ひとつ》、軍人は忠節を尽すを本分とすべし」

「その通り」

途端に棍棒が尻をめがけて打ちこまれる。ぼこーんと肉の崩れるような音、いや、それは骨の芯まで打ち砕くようであった。そしてこれが「五カ条」の数だけいつもおわたりなのだ。

当時、まだ大人の体になりきっていないやわな僕の体は、たいていその最初の一撃で、木ッ葉のように二、三間（一間＝約一・八メートル）向こうへ吹っ飛ぶのだった。そうして甲板にぶっ倒れたなりしばらくは腰が立たない。すると後ろから「こらッ、起て、だばけるな！」。僕は首っ玉をひっつかまれ、またあるときは頭から海水をぶっかけられて引き起こされ、さらに悲愴な声をしぼりつづけなければならない。

「一《ひとつ》、軍人は礼儀を正しくすべし」

「元気がない、もう一度！」

「一《ひとつ》、軍人は武勇を尚《とうと》ぶべし」

「キサマ恐いか、もう一度、もう一度！」

「一《ひとつ》、軍人は信義を重んずべし」

僕の声は次第にかすれてくる。

「一《ひとつ》、軍人は質素を旨とすべし」
「その通り、わかるかッ！」と次の力まかせの一撃。おお、僕はもはや自分を支える力を失って、このままひと思いに海に飛びこんで死んでしまいたいと思う。前方に広がる暗い海への誘惑と、尻を噛む棍棒の恐怖、僕はこの両方とたたかいおののきながら、心の中では夢中で母の名を呼びつづけた。ああ、しかしそのあい間にも、その一撃ごとに僕から必ず何かを奪い、吸いとっていく棍棒は容赦なく打ちこまれてくる。

そして、ようやくその整列から解放されるとき、肛門は血でじたじたと濡れてくるのだ。腰から下はしびれて感じがなくなり、全く自分のものではなくなっている。尻をさかいに体は二つに引き裂かれてしまったかのようだ。こうして毎晩のように殴られていくにつれて、引き裂かれたそこにはだんだん他人のような深い断層がうがたれていった。そしていつかそこには自分のとは全く別の血が流れるようになった。考えてみると、僕はついに海軍を出るまで断ち裂かれたこの二つの部分を、自分のものとして一つにつなぎ合わすことはできなかった。いや、それは十五年後の今もはっきりつなぎ合わすことができたとはいえない。僕は人間ではなく兵隊だった。僕らは陰で唄った。

鬼の「山城《やましろ》」、地獄の「比叡《ひえい》」
いっそ「金剛《こんごう》」で首吊ろか

ビンタ、バッタの雨が降る
天皇陛下に見せたいな
私刑と死刑、一字のちがい
うっかりすると間違えられて
あなたまかせのあの世いき
こんなことは夢にも知らず
志願するような馬鹿もある

同年兵の中には、付近の島に逃亡したり、航海中海に飛びこんで自殺したりする者もあったが、それはこのような残酷な私刑に耐えられなかったからである。僕は逃亡も自殺も企てなかったが、またその勇気もなかったが、星の降る暗い夜の甲板で、両足を開いて突っぱり、両手を上げ、歯をくいしばり、固く目を閉じて棍棒に尻をさらしながら、「軍人五カ条」を叫んでいるあの殴打の姿勢、生涯消えることのない焼印をおされたあの屈辱的な姿勢を決して忘れることはできない。あれは決して「人間の姿勢」ではない。

私の「八月十五日」

この文の性格からいって、当然、その戦闘体験についても触れるべきであるが、これについてはすでに別に発表したものもあるので、ここでは主に「八月十五日」前後のことを語っておきたい。

僕は勝利を一途に信じていた。前線でときには暗い予感もないではなかったが、そう信じないではいられなかった。だから突然前ぶれもなくつきつけられた敗戦の事実は、やはり非常なショックだった。これまで自分のすべてを賭けてきたものが一挙に失われたのである。そこにはしたがって、これで助かった、という思いはみじんもなく、瞬間、死におくれた、という無念さだけが僕を嚙んだ。そしてこれからは、静謐《せいひつ》な死の暗がりを出て、明るいギラギラした太陽の下で生きていかなければならない。そう思ったとき、死ぬことよりも、生きることのほうが、はるかに恐ろしかった。僕は厠《かわや》にとびこんで泣いた。いくら泣いても泣き足りない気持ちだった。その当座は眠れず食欲もほとんどなかった。毎日うつうつとしてぼんやりと空ばかり眺めていた。

やがてそのショックからいくらか立ち直った僕が、まず最初に考えたのは天皇のことだった。その身の上のことだった。一体これから天皇はどうなるのだろう？　当時一部の士官や下士官たちの間では、敗けた以上、天皇から重臣、各大臣、将官級までは、おそらくアメリカ軍の手で死刑にされるだろう、とまじめに話し合っていたが、僕もひそかにほぼ同じことを想像していた。しかし、僕の考えでは天皇はそうされる前に潔く自決されるだろう。おめおめアメリカ軍の手にかかるまで生きておられるはずがない。恐れおおいことだが今となってはそれも仕方がない。自分の命令で勝つつもりではじめた戦争に敗けたのだ。三百万もの同胞をむざむざ犠牲にしてしまった上に国が亡びるのだ。天皇はきっと死をもってその責任を償われるだろう。天皇はそういう高潔なお方だ。と、僕はそれを信じて疑わなかった。

しかし僕のこの天皇にたいする考えは、復員直後ものの見事に覆えされたのである。それは今も忘れないが復員して四日目のことだった。その日僕は秋の日の射しこむ縁側へ古新聞の束をもち出して、別になんということなくそれを一枚一枚めくっていた。そのときあのトップの五段ぶちぬきの大きな写真にぶつかったのである。そこには二人の男、両手をゆったりと腰にあてた背の高い開襟シャツの男と、モーニングを着ていやにしゃちこばっているヒゲの背の低い男とが、正面むいて行儀よく並んでいた。僕には最初それが誰なのかよくわからなかった。しかし見出しのゴシック文字を見て驚いた。〝天皇陛下マッカーサー元帥訪問〟とあるではないか。しゃちこばっているモーニングは、なんと「われらの大元帥陛下」だったのである。おまけにあろうことか、となりの開襟シャツは、ついせんだってまで僕らが「いのちを的」に戦ってきた敵の総司令官、マッカーサーではないか。僕は一瞬めまいを感じた。しばらくは体のふるえがとまらなかった。僕は正直「コン畜生」と思った。これがあの天皇だったのか。これが生命と引きかえてもいいくらいに崇拝していたあの天皇だったのか。

それとは知らず、僕はすべてを天皇のためだと信じていたのだ。信じたがゆえに進んで志願までして戦場に赴いたのである。僕は入団当日の感激を今もはっきり憶えている。いよいよ出発という日の明け方、僕は水風呂で体を清めてから、家の裏手の丘の上に立って宮城を遙拝し、そして言ったのだ。

「これから陛下のために国の守りにつきます。もうこの命は自分のものではありません。陛下にお捧げしたものです」

僕ら少年兵は純粋だった。大人の兵隊に劣らず勇敢だった。勇敢に戦った。そして敗戦を知らされるまで「朕カ陸海軍将兵ハ全力ヲ奮テ交戦ニ従事」せよという宣戦の詔書をたいして、どんな戦場の苦しみにも耐えてきたのである、それだけではない。進んで天皇にいのちを捧げる機会を待っていたのである。それをまた「無上の名誉」だと本気で信じていたのである。すべてを天皇のために、それこそは僕のこの世の限りの信仰の告白だったのである。

それがどうだ、敗戦の責任をとって自決するどころか、いのちからがら復員してみれば、当の御本人はチャッカリ、敵の司令官と握手している。ねんごろになっている。おまけに手土産なんかもらって、「マッカーサーがチョコレートをくれたよ」などと喜んでいる。厚顔無恥、なんというぬけぬけとした晏如《あんじょ》たる居直りであろう。

僕は、羞恥と屈辱と吐きすてたいような憤りに息がつまりそうだった。それどころか、いまからでも飛んでいって宮城《きゅうじょう》を焼き払ってやりたいと思った。あの壕の松に天皇をさかさにぶら下げて、僕らがかつて棍棒でやられたように、滅茶苦茶に殴ってやりたいと思った。いや、それでもおさまらない気持ちだった。できることなら、天皇をかつての海戦の場所に引っぱっていって、海底に引きずりおろして、そこに横たわっているはずの戦友の無残な死骸をその目に見せてやりたいと思った。これがあなたの命令ではじめられた戦争の結末です。こうして三百万ものあなたの「赤子《せきし》」が、あなたのためだと思って死んでいったのです。耳もとでそう叫んでやりたい気持ちだった。

とにかく僕の天皇観を覆すのにはこの写真一枚で十分だった。そしてその時以来僕は天皇との「ヘソの緒」を断ち切ったのである。また、この体験を基軸にして、天皇を頂点とするこの国の国家組織の恐るべき欺瞞を見とどけていったのである。

「自己責任」について

戦後の僕は、もう心から笑うことも、泣くこともできなくなった。何ものも信ずることができなくなった。そして、独り「戦後」にとり残されたまま全く孤立の状態におかれたのである。それは一つには復員後まもなく、戦場での疲れが出たのか結核を発病、長い療養を余儀なくされたことにも関係があるかも知れないが（それは現在もまだ十分回復するに至っていない）、何れにしろ、僕はその中で僕なりの仕方で「戦争」を内部的に処理しなければならなかった。それをはっきりさせないうちはどうしても前に出ていけなかったのである。ではどんなふうに……。以下その点をざっと記述しておきたい。

戦争の中に生まれ、戦争の中で育った僕には、戦争は地球上に空気があるのと同様自然なことだった。いわばそれは一種の「自然現象」のようなものだった。したがって、このようにはじめから戦争の中にとっぷりと首までつかっていた僕に、戦争そのものに対する疑問のおきる余地はまるでなかったと言ってよい。

では、それならば僕はこの戦争に対する責任から免れられるのか。それから完全に自由でいられるのか。答は否だった。どうしてもそうだとは言いきれなかった。いくら自分をかばい、自分に都合よく逃げて考えてみても、責任がない、ということでは自分を納得させることができなかった。どういう動機にせよ、事実、僕は戦闘に参加したのである。そこに自分の一切を賭けたのである。僕はここではっきり言いたい。僕にはその責任がある、と。ではそれは一体誰に対する責任なのか。ほかでもない、「自己責任」である。「自分の自分に対する責任」（荒正人《あらまさひと》〈評論家。一九一三〜七九〉）である。

例えば僕は天皇に裏切られた。しかし、裏切られたのは正に天皇をそのように信じていた自分自身に対してである。自分が自分の内部に蟠踞《ばんきよ》していた天皇に裏切られたのである。これこそ自分が負わなければならないおのれの責任である。むろん僕には戦争に対する政治的、刑事的責任はない。だが、自分の自分に対する責任から決して自由ではない。

たしかに僕は戦争について何も知らなかった。知らされていなかった。正義のためだと教えこまれていた戦争が、実は無道な侵略戦争であり、他国へのあこぎな強盗行為であったのだと知ったのは敗戦になってからである。しかし、だからといって僕もその共犯者の一人であったことに変わりはない。侵略の代行人《エージェント》の一人であったことにかわりはない。これだけは自分以外のどこにももっていきようのないものである。明らかに自分の罪として自分が背負わなければならないものである。ヤスパース（ドイツの哲学者。一八八三〜一九六九）も『戦争の罪』（創元社）の中で言っているように、知らなかったこと、欺されていた、ということは責任の弁解にはなっても、責任そのものの解消にはならない。知らずに欺されていたとすれば、そのように欺された自分自身に対してまず責任があるのではないか。

法的に言えば、人間の「責任年齢」は満十四歳とされている。人間は普通ならこの年齢に達すれば、自分の行為とその結果を自分で判断できる責任能力があるわけだ。僕が志願の届出をしたのは十五の歳だった。すると、僕はすでにその年齢に達していたのである。僕はだから志願という決定的瞬間にあたって、自分はいま何のために、何が目的で、どういう行為をとろうとしているのか、またそれは先ざきどのような結果を招くことになるか、シンケンに考えてみなければならなかった。だが僕はそうしなかった。大事なその手続きをまるで省《はぶ》いてしまった。

戦争は悪である。なぜならそれは人間を苦しめ、人間同志の殺し合いを目的としているからである。ごくあたりまえな、この不易《ふえき》の真理についてすら、当時の僕は少しも考えおよばなかった。いや、これっぽっちも考えてみようとしなかった。そしてそのまま戦争をファナティックに讃美して、おめずおくせず「戦争悪」に身を売ったのである。（四十九人の級友中志願したのは僕を入れて三人だけだった。）しかも四年もの間、あの血腥《ちなまぐさ》い殺戮の現場に居合わせながら、なおまだ眼を開くことができずにいた僕だ。

その僕が戦争悪にはっきり目ざめるのには、三百万にのぼる、いや世界的には数千万を超えるという、気の遠くなるような厖大な人命の犠牲をまたなければならなかった。思えばそれはなんという高価な代償であったろう。何千万もの血の犠牲によって、はじめてあがなわれた責任意識。しかもそれはおのれの内部からでなく、敗戦によって外から与えられたものである。このことを僕は忘れてはなるまいと思う。

そして僕は死なずに生きてきた。しかし「幸い」という言葉は差し控えたい。生きるべくして生きてきたのではないからである。僕の手はたくさんの「人間の血」で穢《けが》れている。僕は砲手だった。僕は射ったのである。そして個人的には何の敵意もない米兵を倒したのだ。（今にして思えば僕はそれを同時に自分の心臓にも射ちこんでいたのだ。）また仲間の多くが死んだ。ある者は硝子屑《がらすくず》のように海に散り、ある者は断末魔の苦しみにのたうちながら艦と運命を共にした。僕はそのおびただしい死骸を海底に沈めたまま、あまつさえ、ある場合には見殺しにさえして、自分だけ生きて帰ってきた。僕はこのことも生涯忘れてはなるまいと思う。

復員後、僕はこのような自己確認をクッションにして、めまぐるしく変転する「戦後」にむかってよたよたと歩き出したのだった。

全身の重みをかけて復讐したい

あれから十五年、すでに数年前から「戦後は終わった」、「もはや戦後ではない」という声が聞かれるほど、状況の解体と変質はいちじるしい。そして、そのようなうつけた変質過程と見合いながら、戦争の体験そのものも徒《いたずら》に混迷と風化を重ね、しだいに見せかけの「泰平ムード」の中に埋没されようとしている。だが、はたして「戦後」は終わったのか。いや、その前にそもそもこの国に「戦後」なるものがあったのか。あったとすれば、それは一体何を指して「戦後」というのか。それが僕にはわからぬ。

なぜなら、終わったのは「戦争」ではあっても、戦争から戦後に持ちこされた問題ではないと思うからである。例えば、死者の問題一つ取り上げてもいい。戦後われわれはその「死者の巨大な空白と沈黙」にどれだけ耳をかたむけたか。国民的総体験としてつきつめて、どれだけのものをそこから学びとってきたか。そこから何をどのような形で生かしてきたか。あらためて問いを発するまでもない。死者と断絶したこの十五年のふやけた歴史の流れをみれば答えはおのずと明らかである。

また広島、長崎に目をむけて見るがいい。両市合わせて二十数万と言われる被爆者たちは、経済繁栄を謳歌する今日この時点で、「世間の冷たい目」に耐え、「余計者」扱いにされ、身を裂くような孤独と絶望と焦慮のなかで、ある者は不可測の死におびえ、ある者は被爆者ゆえに生活に困窮し、またある者は希望のもてない無惨な手術を重ね、「自分の肉体を闘いの場」として、ひと知れず原爆の恐怖とたたかっているのだ。そして原爆症による死者は今もあとを絶たない。にもかかわらず「戦後は終わった」という。

ああ戦後、この言葉ほど現在の僕の実感から遠いものはない。だがそんなことはどうでもよい。僕はただ僕なりに戦争体験に固執し、死者のなかにおのれを生かしながら、そこに全身の重みをかけて、これからの人生に復讐していきたいと思っている。めめしく死者にこだわる、死者のなかに生きつづける。それ以外にもはや戦後に生き残った僕の生きる道はないようである。

僕の戦争体験は、そのまま「天皇体験」であり、「国家体験」であり、同時にまた死者との「共生体験」でもあった。

【渡辺清・年譜】

◇一九二五（大正一四）年
　二月、静岡県富士宮市、農家の二男として生まれる。きょうだいは男三人・女一人。
◇一九四一（昭和一六）年〈一六歳〉
　海軍に志願、横須賀海兵団入団・砲術学校卒業。
◇一九四二年〈一七歳〉
　戦艦「山城」ついで「武蔵」の乗組員となり太平洋上を歴戦する。兵籍番号「横志水・375246」
◇一九四四年〈一九歳〉
　一〇月、レイテ沖海戦にて「武蔵」撃沈され、九死に一生を得る。
◇一九四五年〈二〇歳〉
　九月、復員。農業に従事しながら大学入学資格を取る。
◇一九四八年〈二三歳〉
　大学入学。肺結核がすすみ、大蔵病院、清瀬病院へ入院。以後、闘病生活がつづく。
◇一九五三年〈二八歳〉
　大学卒業。公立学校勤務のかたわら、野間宏らの文学集団「トロイカ」に加わり、文学をひたすらに勉強。
◇一九五七年〈三二歳〉
　一九五六年二月発行の『トロイカ』に習作「最後の意識」を発表、同人に注目される。夫人・総子さんと知り合う。
◇一九五九年〈三四歳〉
　総子さんと結婚。日本戦没学生記念会（わだつみ会）入会。
◇一九六一年〈三六歳〉
　わだつみ会常任理事。
◇一九六九年〈四四歳〉
　『海の城』（朝日新聞社）、『戦艦武蔵のさいご』（盛光社）刊行
◇一九七〇年〈四五歳〉
　わだつみ会事務局長代行、会誌『わだつみのこえ』編集、年二回の集会などに全力を注ぐ。
◇一九七一年〈四六歳〉
　『戦艦武蔵の最期』（朝日新聞社）刊行
◇一九七四年〈四九歳〉
　『戦艦武蔵のさいご』（童心社）刊行
◇一九七五年〈五〇歳〉
　わだつみ会事務局長、会の実務を夫人とともに担う。
◇一九七七年〈五二歳〉
　『砕かれた神』（評論社、現在は岩波現代文庫に収録）刊行
◇一九八一年〈五六歳〉
　七月二三日午後五時二分、膵《すい》臓がんにより、東京都千代田区駿河台、三楽病院にて死去。闘病中、会誌『わだつみのこえ』七二号の編集に従事。

　八月一五日、遺著『私の天皇観』（辺境社）刊行

対談 日本人と戦争責任

斎藤貴男
SAITO TAKAO

森 達也
MORI TATSUYA

「戦中派」世代の体験を受け継ぐことができるか

斎藤　これから森さんと対談を始めるわけだけど、高文研の編集者からは、戦中派である渡辺清の文章を今の読者、特に一九四五年の敗戦以降に生まれた人たちに読んでもらうには、ある種の「道案内」というか、今の日本社会とをつなぐ「媒介」が必要だということで、俺と森さんが指名されたということです。

森　「戦中派」というと、僕の父親くらいの年齢かな。

斎藤　広い意味では、戦争体験のある世代ということになるけど、渡辺清の世代、一九四五年当時、二〇歳前後の世代がぴったりくると思う。

森　その世代の特徴は？

斎藤　彼が書いているんだけど、小学校に入学する一年前に満州事変（一九三一年）が始まっていて、「生まれながらにして首までどっぷり戦争の体制の中に浸かっていた」（二二〇ページ参照）というくらいだから、「戦中派」というのは、平和を知らない世代というか、戦争状態が日常だった時代に生まれ育った世代ということができるんじゃないでしょうか。だから、渡辺清は戦争が終わって、「これまで自分のすべてを賭けてきたものが一挙に失われた」「これで助かった、という思いはみじんもなく、瞬間、死におくれた、という無念さだけが僕を噛んだ。そしてこれからは、静謐な死の暗がりを出て、明るいギラギラした太陽の下で生きていかなければならない。そう思ったとき、死ぬことよりも、生きることのほうが、はるかに恐ろしかった」（一一ページ参照）と書いています。

森　せっかく指名されたのだけど、少し疑問を提示します。渡辺清は一九二五（大正一四）年生まれで、一九八一（昭和五六）年に五六歳で亡くなっているわけで、彼がこだわり抜いたものを実感として引き継ぐには、僕や斎藤さんよりももう少し上の世代のほうが、適役のような気がするのだけど。

斎藤　確かに、渡辺清や俺の親父たちの世代の戦争体験について、戦後の高度成長期に生まれ育った俺たちには理解できっこない部分も大きいよね。例えば、戦前の渡辺清の少年時代は、「毎日を食っていくのがやっとだった。ちょっとした学用品でも、炭の駄賃しょいや、ワラビやフキをぬいて売った金で、自分でまかなわねばならなかったし、小学校を出てからは、土方、炭焼きの下働き、馬方、営林署の植付人夫、ミカン切りなど、大人の間に混じって、方々へ出稼ぎに歩いて廻った」「軍隊生活に入った時には初めてほっとくつろげたのである。（中略）私はそこではじめて、メンチカツを食べ、ライスカレーというものの美味を知り、毛のズボンをはき、皮靴というものに足を入れた。そこには肩にめりこむ背負子《しょいこ》もなければ、泥くさい地下足袋もなく、その上なによりも食うことの心配がなかった」(「私の戦争責任―入会にあたって」『わだつみのこえ』第三号所収、一九六〇年六月発行)という暮らしだった。

森　かつてのこの国の貧しさについては、活字ではもちろん何度も読んでいる。でも実際にその描写にリアリティを持てるかと言えば、戦後生まれの僕たちにはイマジネーションの限界はあると思う。特に「食」ってそうだよね。ライスカレーもメンチカツも、生まれたときから当たり前のようにあったから。この差って意外と大きい。

斎藤　でも、渡辺清の遺した文章を読むと、その延長線上に俺や森さんも生きているのだということがわかってくる気がする。で、どこがそう思うのか、彼の遺した文章を一つひとつ考えていくことで、渡辺清と読者との「橋渡し」になればと思うんです。

森　なれるかな。僕は自信がない。じゃあ対談を始める前にもうひとつだけ。われわれの「立ち位置」について確認しない?

斎藤　「立ち位置」というのは?

森　もっと端的にいえば、戦中・戦後を生き抜いたこの市井《しせい》の巨人を語るだけの資格が、僕たちにあるかどうかということを確認したいんです。まあ斎藤さんはともかく、僕は自分自身についてはかなり懐疑的だから。

で、僕から始めると、この間、テレビに出たんです。「たかじんのそこまで言って委員会」（よみうりテレビ）という番組で、テーマは「北朝鮮のミサイル問題」。この番組って東京ではネットされていないから事前にわからなかったけれど、保守の論客を揃えた討論番組なんですね。で、結論から言えば、めちゃくちゃにやられちゃった。ほとんど言い返せなかった。最後には日本も核武装すべきみたいな結論になってしまったのに。はっきり言って〝チキン〟です。言い返す言葉はあったけれど口にできなかった。というか、頭がうまく働かなかったな。今なら言い返せるけれど。だからチキンのうえに反射神経が致命的に鈍い。まず自分はその程度なんだということは、しっかりと踏まえておきたい。そんな自分に渡辺清を語る資格などあるのだろうか。

それでね、ついでに話しちゃうと、出演する前にその番組のプロデューサーが楽屋に来て、「この番組ははっきりいえば右寄りです。そのほうが数字は上がるんです。でもやっぱりイケイケだけでいいのかという煩悶もスタッフにはあるので、今回は森さんに来てもらいました」って説明してくれたんです。

斎藤　それは都合がよすぎるなあ。

森　でもとても正直に話してくれたよ。それはそれで好感が持てたけどな。そういえば斎藤さんも、右派の「チャンネル桜」に呼ばれたりしているでしょ。僕も一回呼ばれた。やっぱりうまく喋れなかった。基本的にディベートはダメですね。うーむと唸っているあいだに番組が終わってしまう。でもなんで、僕らは「左の論客」と思われているんだろう？　けっして「左」でもないし、ましてや「論客」でもないのにね？　テレビの話をしたのはこの議論をしたかったからです。
斎藤　ほんとに他にいないんでしょ。
森　なんで？　一緒にしちゃって申し訳ないけれど、この対談は本当にこの程度でいいのかな？　もう一度言うけれど、もっと上の世代にふさわしい人材はいると思うのだけど。
斎藤　結局、「左翼」が主流だった時代は終わったので、俺たちの上の世代は、次の勝ち馬に乗るためにどこかへ行ってしまったんじゃないの。
森　僕らの上の世代って言うと、「団塊の世代」が思い当たるんだけど、あれだけ反体制で暴れた世代のはずなのに、確かに沈黙してしまった人が多いような気がするな。もちろんアクティブに発言している人は大勢います。でも確かに、世代としてはもっと発言していてもいいはずだよね。
斎藤　「団塊の世代」の人たちといっても、大学で学生運動やっていた人たちなんてごく一部なのはわかりきったことだけど、子どもだった俺からみても、浅間山荘事件とかすごいことやってるなと思っていました。「社会の変革」や「反体制」を標榜していた人たちがずっと同じ思想を持ち続けなければいけないとも思わないけどもさ、せめて最低限の落とし前ぐらいはつけてほしいというか、「個人の生き方」という意味でね。たとえ「企業戦士」として生きてきたとしても、今、こういう社会状況になった時こそ、やるべきことはいくらでもあるんじゃないかと思う。
　でも、それは渡辺清も繰り返し書いているように、結局、日本人はというか、人間はというべきなのかわからないけど、どこまでも恥ずかしい存在なんじゃないか。森さんも俺も先々どうなるかわからないしね。今はたまたまフリーだとまだしもものを言える状況だから、発言できているだけかも知れない。

森　別にいま始まったことじゃない。渡辺清は本の中で、自分と同じ戦中派がいかに空疎で、無責任かと憤っています。本来、語り継ぐべき体験をしている人たちが、きちんと語り継いでいないとしきりに嘆いている。そもそも、斎藤さんのお父さんは戦争体験を語った?

斎藤　全く話さなかったね。一九五六年に、鳩山一郎首相が日ソ共同宣言をモスクワで調印して国交が回復したおかげで、シベリアから復員してきました。俺が二〇歳の時に亡くなったから、こっちに問題意識や理解力がなかったしね。だから、何も話さなかったんだと思う。

あるいは意識的に語りたくなかったんでしょうね。シベリアで苦労した話はそれなりにしてくれたけど、それだって大したこともなくて。家族にしてみれば、親父の戦争はシベリアがすべてなんだけども、実際には満州の特務機関だったから、酷いことをしていたかも知れないね。

森　僕の父親も戦争体験については決して饒舌ではない。意識的に事実を隠蔽しようとしているということではなく、戦場は究極の極限状況だから、記憶の回路がうまく作動しないということもあると思う。だから戦争のリアルな「語り継ぎ」って実はとても難しい。これを強引にシステマティックに記憶しようとすると、反ナチ法を制定してナチ的なもの一切を封印しようとするドイツのようになってしまう可能性がある。

いずれにしても僕だって、オウム真理教を撮るまで（「A」〈一九九七年〉／「A2」〈二〇〇一年〉

は何も考えてなかったな。今は考え始めたということじゃなくて、たまたま社会の大多数とは違う視点に立ってしまったら周りの急激な変化が目に入って、さすがに「これはまずいんじゃないか」と少し勉強し始めたという言い方のほうが正確だけど。

団塊の世代である先輩たちとの飲み会となると、「おまえはブントだったのか？」とか、「あの日おれも国会前にいたぞ」みたいな会話が普通に交わされていて、皮肉では決してなく「みんないろいろ体験してきたんだなあ」ってつくづく感心してしまう。彼らに比べれば僕らの世代全般は、革命思想や反体制イデオロギーなどとても薄い。僕なんかアメリカン・ニューシネマが原点だからね。知識や素養もないし感覚だって鋭くない。何よりも絶対的に体験がない。でもこの一〇年の日本社会の加速には、本当に呆然としてしまう。だからね、僕らなんかのレベルじゃなくて、今の世の中の動きに違和感を持つ人は、もっとたくさんいるはずだと思うのだけど。

斎藤　語り継ぐべき「戦中派」とか「戦前派」といっても、戦後生まれの俺たちからすると、今ひとつピンと来ないので、渡辺清の言葉を借りて説明すると――

もちろん戦争になればその矢面にたたされるのは若ものたちだ。ハゲ頭が決めて若ものが銃をとる。この忌々しい構図はいつの時代も同じである。われわれが参加した〝十五年戦争〟の場合もそうだった。それを裏で仕組んだのは当時四、五十代から上の世代、今で言えば七、八十代の戦前派のおエライじいさんたち（『私の天皇観』〈辺境社〉所収「ある戦中派の訴え」よ

り、初出『思想の科学』一九八〇年二月号）

森　そうすると「戦前派」は一九〇〇年前後、明治後半の生まれ、「戦中派」は大正時代（一九一二〜二六）、特に後半に生まれた世代にあたるかな。

斎藤　渡辺清は大正一四（一九二五）年の生まれで、学校で受けた教育について、「あらゆる教科、あらゆる機会をとらえて戦争の正当性が強調されるようになりました。先生方も、〈どうしたら人間として立派に生きることができるか〉ということよりも〈どうしたら国のため、天皇陛下のために立派に死ぬことができるか〉ということを教育の理念としていました」「頭の上に〈天皇〉という名のどえらい重石をのせられて、とりわけ学校ではそれこそ潰物なみの仕込みをうけました（中略）〈君が代漬〉とか〈天皇漬〉の世代といっていいかと思います」（『私の天皇観』所収「『内なる天皇制』呪縛の自己史」より、初出『現代の眼』一九八〇年四月発行）と、強烈な軍国主義教育を受けたと書いています。

彼のような戦争体験者に対して、戦争をまったく知らない俺なんかはコンプレックスのようなものがある。森さんはどう？

森　コンプレックスという言葉で全部を表現できないけれど、多少なりとも屈折した思いはあるね。戦争は決して歴史の遺物ではないし、今だって世界中にある。でも自分は直接的には知らない。特に最近、平和とか戦争をテーマに書いたり語ったりする機会が多くなっているから、ふとした拍子に「戦争知らないくせに」と自嘲的になってしまうことはなくはないな。九条を巡って討論しているときに、硫黄島からの生存者の一言に何も言い返せなくなってしまうような感覚かな。一口に戦争とは言っても、関与の仕方は人それぞれだし、実際に参加した体験がないからといって卑屈になるつもりはもちろんないけれど……。

斎藤　あえて言うと、俺が子どもの頃は、うらやましかった気がする。それはそれこそ傲慢もいいところで、生き残っている人たちしかこっちは知らないわけでさ。過酷な戦場を生き抜いてきたということに対するあこがれというか、かっこよさみたいなものを感じていたの。今でも戦争や平和について語る時、自分がいかにも「口舌の徒《こうぜつ》」っていう感じがしてきて、すごく辛い時があるんだけど。

森　実際に僕たちは「口舌の徒」だよ。論客ではないけれど。

斎藤　ハハハ

森　戦前・戦中を知らないコンプレックスという意味では、自分の命を捧げてまで一個の人間、いや神様かもしれないけど、とにかくすべてを擲《なげう》っていう感覚が僕にはわからない。なぜこれほどまでに天皇に対して忠誠心を持てたのだろう。オウム真理教の信者の場合だって、麻原への帰依《きえ》によって自分たちも「解脱《げだつ》」できるなどの契約関係、つまりある程度のギブアンドテイクがあった。でも天皇制には、少なくともそんな直接的な見返りは希薄です。本当にもう全身全霊をかけた「献身」。人はそこまで滅私に徹することができるのだろうか。僕にはそうは思えない。だからこそ天皇制を考えるとき、この偽装の裏で駆動しているメカニズムを読み解くことが重要だと思う。渡辺清はそんな経緯を、戦中から戦後にかけて辿ってきたんじゃないかな。

斎藤 彼の本を読みながら特に印象的だったのは、天皇に対して、「裏切られた」っていう話を激烈にするでしょ。そして、「でも、自分にも責任があった」と考え始めるわけです。そういう人って、いっぱいいたはずなんだけど、そこから先、自分の戦争責任について考え抜き、発言していた人ってあまりいなかったということなんだろうか?

森 「だまされた、裏切られた」というのと、「自分にも責任があった」という意識は、表裏一体でありながら、同時にものすごく大きな隔たりがある。偽装の献身への埋没から自らが加担していた構造への覚醒です。だからこそ事象への射程がとても明確になる。

四半世紀前に、渡辺清が「自衛隊とはほんの名ばかりで、実は安保条約によってそれこそ身ぐるみアメリカの対ソ戦略体制のなかに組みこまれてしまっている。言ってみればアメリカの御用軍隊である。(中略)政府はもともとそれに必要なはずの法律上の手続きや国会の承認などいっさいぬきにして勝手に軍事的な既成事実をつぎつぎに先行させながら、内ではやれ『有事立法だ』『防衛秘密保護法だ』『奇襲対処だ』などとさかんに危機感をあおっている。(中略)そこであおられた側はすわ一大事ということになる。日々の暮らしにたいする脅威と不安はたちどころに怒りに結集され、その怒りは同時に〝外敵〟に向かって爆発する。そうしてその結果は〝一犬月に嘯《うそぶ》きて万犬吠ゆ〟ということになり、あっというまにまた例の〝一億火の玉〟になりかねない」(前出「ある戦中派の訴え」より）と書いていますが、危機管理意識の発動と、その帰結としての仮想敵の設定という視点において、今みごとに現実と符合しています。僕に渡辺清を語る資格と素養があるかどうかはともかく、その意味では彼の書いた文章をもっと読んでみたい。

そこでね、渡辺清が書いていた七〇～八〇年代について、改めて考えてみたいのだけど。もちろん僕はこの時代を知らないわけじゃないのだけど、思い返せばほとんど何も考えていなかったから。その頃の斎藤さんには、政治や社会への関心はあった？

斎藤　まるっきりなかったね。一九八一～八三年までは『日本工業新聞』の記者として、取材先の企業の社長にいかに取り入るかしか考えてなかったもの。八四～八五年は『週刊文春』の記者、次に『プレジデント』の編集者で、そしてまた『週刊文春』に戻って……。目の前の仕事をやっつけるのが精いっぱいで、そういう思想性のあるテーマを扱う担当になることもなかったし、興味さえなかった。

森　もう少し時代を近づけて、一九八九年一月七日の「昭和天皇崩御」の時は、斎藤さんは何やってたの？　当時、僕は番組制作会社のディレクターをやっていて、テレビ局の局員ですら「ここまでやるか」と驚いたくらい、「自粛」の特別編成が三日間くらい続きました。まあ、ここまでやっていたのは自分たちなのだけど。何かね、自動律に入ってしまったというか、自粛解除のタイミングを誰も言い出せなくなってしまったような、そんな雰囲気がありましたね。

斎藤　あの時は『週刊文春』の記者だったけど、張り番させられている記者がたくさんいた中で、俺はまったく関係なかった。「大喪の礼」がらみで、くだらない経験を覚えているくらい。

森　どんな経験？

斎藤　その頃、俺、よく青山のクラブで遊んでたのさ。

森　青山のクラブ？　斎藤貴男にもそんな時期があったんだ。

斎藤　まだ独身だったしね。で、仲間のお祝いと「大喪の礼」の日程（一九八九年二月二四日）がたまたま重なってね。だけども独り者だし、金もあったから、そこのお姉さんたちと盛り上がって、店を借り切ってパーティーをやろうという話になった。そしたら、その店のママから「どうかやめてちょうだい」っていう電話があったんだ。「どうして？　金は要るだけ払うよ」って言ったんだけど、「その日は警察官が見回りに来る。そんなことをやっていたら、店をつぶされちゃう。あなた、責任取れる？」と言われて、そんなもん取れるわけないんで、「わかりました。やめます」って。これにはちょっとビックリしたね。そういう恐れを飲み屋のママさんが抱く雰囲気というか、なんらかの通知があったのかも知れない。「営業休め」みたいな。森さんはずっとテレビの仕事をしていたの？

森　テレビ関係の仕事の前は、不動産開発業者、つまりディベロッパーです。

斎藤　地上げ屋？

森　うん。典型的なバブル会社で、ＣＭも結構流していた。広報だかなんだかわからない部署にまわされたんだけど、すぐ隣は、販売促進っていって、毎朝みんなで鉢巻きして、「目標○○！」ってやってるようなところ。役員が一〇人くらいいたんだけど、みんなストライプの背広で大きな指輪をしているような人たちばかり。でもまあ、日本の企業体質みたいなものは体験できましたね。今でも覚えているけれど、上司が口を酸っぱくして言っていたのが「報・連・相」。

斎藤 報告・連絡・相談。

森 一年ちょっとで、やめました。

斎藤 映画の仕事をする前に？

森 そう、大学卒業してから二九歳までずっと芝居をやっていて、結婚して子どももできちゃったので、これはいけないと思って就職したんだけれど。

斎藤 ずいぶん回り道してたんだね。

森 その後、伊藤忠商事の子会社に入りました。ゴルフ場の開発や会員権販売の広報宣伝業務なんかを請け負う会社。パンフ作ったり、販売戦略を練ったりするんだけど、僕はゴルフやったことないんです。上司からは何度もやれと言われたけれど、グリーンどころか、結局クラブすら一度も握らなかった。今にして思うと、一生この仕事を続けようという覚悟ができていなかったのだろうな。

斎藤 バブリーなサラリーマンだったんだ。

森 一九八五〜八六年、バブルが始まったあたりかな。

斎藤 株価の上では、八九年一二月がピークなんですよ。

森　よく「水に合わなかったんですね」と質問されるのだけど、実はサラリーマン生活そのものはけっこう楽しんでいました。若い社員だけで冬はスキーに行くとか、夏は海に行くとか、社員旅行も好きだったな。みんなで同じ行動するのっていいなあみたいなね。会社の朝礼も特にいやじゃなかったんだけど。……ただ、ズレちゃうんですよ、どうしても。本人はそういう意識はないんだけど。

斎藤　どういう風にズレるの？

森　なんかね、周りと数ミリずつズレるんですよ。みんなと一緒に行動しているつもりが、気がつくと僕一人になっていて、みんなは全然別のところにいたみたいなことが何度もあって。子どもの頃にいなかった？　どうしても行進がうまくできないみたいな。一匹狼的体質とかじゃ全然なくて、むしろ多数派の中に身を置きたいのだけど、結果としてはちょっとずつズレてしまう。団体行動は嫌いじゃないけど、向いてないんだなっていうのがわかってきて……。

斎藤　はなっから、まるっきりダメっていう人はいないもんだよね。

森　だから根っからの反体制でも何でもなくて、自然に反体制的になっちゃう。これはその後のドキュメンタリー作品なんかにも共通するのだけど。よく「タブーに挑戦する作家」みたいな評価をされるのだけど、「タブーをきちんと認識できない作家」という言い方のほうが正確だと思う。タブーって言い換えれば多数派が共有する忌避感覚でしょう？　僕はどうも、そんな意識メカニズムがうまく働かないんです。それさえもっと健全に働く体質なら、今ごろは企業で課長くらいにはなっていたと思う。メディアに関心もなかったし。そういえば今思い出したけれど、テレビの仕事を始める前に、伊豆諸島の青ヶ島という離島で募集していた役場の常駐職員に応募したことがあったな。

斎藤　本気で？

森　もちろん。本気で島で生活したかった。一次合格の報せをもらってとても嬉しかったことを覚えています。結局は不採用だったから、今ここにいるのだけど。

斎藤　俺なんかも、フリーになって、商社なんか入った同級生たちが会社でスキーに行くとかさ、ゴルフ行くとかいう話を聞いて、心の底からうらやましいと思ったもん。そういうのが嫌でやめたはずなのに、フリーって寂しいからさ。

森　……一人はやっぱり心細い。

斎藤　もっとも、俺も最初から少しズレていたのは確かで、なんか部長に呼び捨てにされただけで頭にきて、その日は取材もしなけりゃ原稿も書かなかったとか。あと、「今日はこことここへ行ってこい」と言われただけで腹が立って、一日中、皇居前広場で寝てたとかね。俺自身は、鉄屑屋のせがれが早稲田に入学できたんで、もしかしたらエリートになれるかもとちょっと思った時期もあった俗物もいいところで。当然、組織の中でもやっていけるつもりだった。

でも考えてみたら、小学校の時に、ある大企業の社員が上司をバットで殴り殺した事件があってね、その時にみんなに言われたの。お前は絶対サラリーマンになるなって。こういう風に必ずなるからって。なんでそういうことを言われるのかちっともわからなかったけど、組織ではやっていけない奴なんだって、周りはみんなよく見てたんだね。もっとも、俺がいたころの日本工業新聞は同調圧力というのはなかったと思う。気分はフリーみたいな会社だった。

森　不動産の会社は同調圧力そのものだった。でも僕は斎藤さんと違って、けっこう従順な社員だった。時折ズレることを別にすれば。

斎藤　バブルの頃の不動産屋なんて、ノリノリなわけでしょ。リクルートもそういうとこあったけど。大もうけしたヤツにはすごいボーナスが出たりさ。朝礼で発表してくれたり。バブルは、企業の終身雇用がピークに達した時代でした。だから、社員の忠誠に対して、見返りも大きかったんです。ボーナスもそうだし、独身寮にプールバーを入れたとか。新入社員の初任給がどんどん上がっていってね。圧倒的な売り手市場だったから、企業がどんどん若いヤツにサービスするわけ。

森　バブルの恩恵があったから、大学卒業してから七年も正業に就かなかった僕も就職できた。今思えば二十代はフリーターでした。当時はそんな言葉はなかったけれど。

斎藤　みんな入れてくれたんだもん。

森　だから組織も体験できた。結局は青ヶ島での永住をあきらめて、テレビの番組制作会社に入社して、その後もまた制作会社を三つくらい変わって。その頃に妻に言われたのが、「普通、転職するとギャラって上がるのに、あなた下がってるわよ」って。確かに考えたら、最初の不動産会社が一番よかったな。あの頃は転職イコールキャリアアップと言われていたから。

斎藤　今は転職すると下がるのが一般的だけどね。

森　そろそろまとめます。とにかくリベラル的アイデンティティがとても希薄で、正統性もないこの二人が、今や「サヨク」の代表選手の一員のように扱われていること自体、日本社会の現在の傾斜をとても端的に示していることは確かですね。

天皇制をめぐって

森　渡辺清が書きのこしたものを議論する前に、僕らにとっての天皇及び天皇制を、天皇を巡る現在と過去の表現を縦軸にしながら考えてみたい。で、ひとつのテキストとして、ちょうど昨年（二〇〇六年）公開されたソクーロフの映画「太陽」について考えます。終戦時の昭和天皇を描いたこの映画をテーマとした座談会に出席したとき、映画監督の緒方明が、「描かれる天皇が映画の始まりと終わりで全く変わっていない」ことを指摘しています。確かに映画も含めて物語りの重要な要素のひとつは、主人公の変化です。成長するか退行するか、整うか破綻するかなど方向はさまざまだけど、主人公に何らかの揺れや動きがあってはじめて映画になるのに、この映画の中での昭和天皇は、見事に最後まで変わっていない。

緒方明のその視点には僕もまったく同意するのだけど、留意すべきは、この映画の時代背景です。天皇にとってはポツダム宣言の受諾を巡っての葛藤から「人間宣言」に至るまでの時期が描かれています。つまり日本が一八〇度転回した時期です。ところがその中心にいたはずの昭和天皇は見事なくらいに何も変わっていないことを、ソクーロフは示唆しています。そこから触発されるのだけど、昭和天皇のこの内面的な変化の希薄さは、彼を考察するうえで、とても重要なモチーフの一端を示しています。彼は変わらないんです。戦後はもちろん、戦中も、そして戦前も。一九四六年一月一日の「人間宣言」以降、昭和天皇は全国を「行幸《ぎょうこう》」します。民衆の側は歓喜をもって迎える。一面的な見方をすれば、国をボロボロにした戦争指導者のトップが、敗戦後に焼け野原を回りながら犠牲者たちを力づけていたわけです。とても倒錯しています。ムッソリーニは逃亡中にレジスタンスに射殺されて、死体はミラノで逆さ吊りにされて群衆から辱めを受けました。ヒトラーももし白決していなければ、ベルリンで同じような目に遭ったでしょう。ところが昭和天皇はリンチに遭うどころか、「ありがたい」と迎えられた。天皇への過剰な崇拝を「現《あら》人神《ひとがみ》」という神話のレトリックで説明するならば、人間宣言をした後の彼へのこの忠誠は何に由来するのでしょう？

確かに「人間宣言」の詔書には、「朕《ちん》は人である」とのストレートな表記はない。でも彼が「現人神」ではないとの共通認識が、国民全体に共有されたことは事実です。ところが天皇を取り巻く環境は、特に国民との関係においては、ほとんどなにも変わらなかった。ならば考えねばならない。与えられ押し付けられたものではなく、「天皇制」という物語を、日本人は求め、そして欲しているということなのだろうかと。

爪や牙を持たないかわりに共同体の一員として生きることを選択した人間は、その共同体を統括する物語を無意識に求めます。日本人の場合は、万世一系の神に近い存在が自分たちを統治している。今も、万世一系の血統をもつ人々が自分たちと共に生きているという大きな物語を必要としていたのだろうか。もちろんこれに対して、生まれたときから天皇制があったから必要としているかのように見えるだけで、なければないなりになるとの見方もあるし、それもきっと正しいとは思うけれど、少なくとも天皇制のような統治システムが日本人の体質に合致していた、あるいはしている、ということは認識したほうがいいのかもしれない。人はそんなわかりやすい存在じゃないと思いたいけれど、あの行幸の映像を観るとそんな気分になってしまう。確かなことは、人間になろうが、神様のままだろうが、結局のところ日本人は、「物語の続き」を欲したし、今も欲しているということです。渡辺清の苛立ちもそこにあると思うけれど。

斎藤　戦後、ＧＨＱが「天皇」を必要としたのは、日本の歴史において、天皇の権威を利用して、民衆を統治する権力者が続いてきたという面を重視したからでしょう。敗戦国民としてプライドがずたずたになったうえに、アメリカの支配がむき出しになると辛すぎる。ＧＨＱにしてみれば統治がしにくい。その痛みを緩和するために、日本政府も天皇を利用したし、民衆の側もすがりついたんじゃないか。

森　まあ確かに、アメリカが天皇制を残したからこそ、戦後右翼の多くはＧＨＱの走狗となった自分たちのアイデンティティに悩まずにすんだし、今の「保守派」と「親米派」の相性の良さの説明もつく。

斎藤　保守派も二つに分かれていて、そういった天皇制の役割をわかったうえでやってる人たちと、「反米」を旗印にした、もう少しピュアな民族主義の人たちとがいる。

森　どちらにせよ、天皇制は歴史的にも戦後史的にも、つねに「利用される客体」であり続けたことは事実です。

渡辺清は昭和天皇の戦争責任を第一に挙げるけれど、それと同時に、天皇制というシステムに加担した自分と日本国民の責任についても追及していく。敗戦直後には「だまされた」との被虐の意識が前面にあったと思うけれど、やがて「だまされた」だけではなく「加担した」自分への考察が始まる。ところが同時代、自分と同じように「だまされた」「裏切られた」という思いを一旦は持ったはずの日本人の多くが、易々《やすやす》と「極東国際軍事裁判」や「象徴天皇制」を受け入れ経済繁栄を謳歌することに、怒りを抑えられなかった。

斎藤　彼は、天皇は責任をとって、自決かせめて退位すべきだった、と書いているよね。少なくとも、自分が信じた天皇という人はこうあってほしかったと。時代全部を憎んでいるにせよ、個人的にかつて愛した人にはかくあってほしい、という思いなんだろうね。

森　天皇制を支持するがゆえに昭和天皇にはきちんとけじめをつけてほしいと思う人も結構いたみたいで、中曽根康弘も、一九五二年四月のサンフランシスコ講和条約（＝連合国と日本国との平和条約）の発効を前にして、国会で「皇太子も成年に達せられ、戦死者の遺家族たちにもあたたかい国家的感謝をささげ得ることになった今日、天皇がみずから御退位あそばされることは、遺家族その他の戦争犠牲者たちに多大の感銘を与え、天皇制の道徳的基礎を確立し、天皇制を若返らせる」と、昭和天皇の退位について吉田茂に質問しています。

これに対し吉田は「日本民族の愛国心の象徴であり、日本国民が心から敬愛しておる陛下が御退位というようなことがあれば、これは国の安定を害することであります。これを希望するがごとき者は、私は非国民と思うのであります」と一蹴している（一九五二年一月三一日、衆議院予算委員会）。

斎藤　中曽根の場合は、本気で「退位したほうがいい」と言っているのではなくて、吉田首相から、退位してけじめをつけろと言う輩は非国民だ、という答弁を引き出したかったのかもね。驚いたのは、あの石原慎太郎が戦後日本の「道義の退廃」を憂いて書いた「日本の道義」というタイトルの文章の中で、「私のいう天皇の戦争責任の履行は、占領軍によって行なわれた一方的な裁判による処刑などを意味しはしない。しかしもし、彼らが多くの日本人戦犯を縊ったように天皇を法廷で証言させ処刑していたならば、日本人はあの一朝にして与えられた民主主義なるものを決して簡単には鵜呑みにせず、抵抗しながら時かけて噛み砕き、しかし今に比べてよりよき、或いは全き咀嚼を成し終えたかも知れない。私は天皇は、新憲法発布の際、或いはサンフランシスコ条約が締結され日本が再び独立国として出発した時、自ら退位されるべきであったと思う。（中略）天皇の戦争責任が、退位という形で示されなかったことは、天皇制にとっても不幸であった」

と主張しています（『自由』一九七四年四月号所収）。つまり、昭和天皇が戦争責任を取っていたら、戦後の日本はもう少しましになっていたのではないかと言いたいらしい。

森　当時の右翼はこの発言を問題視しなかったのかな。

斎藤　今から三〇年前の文章だから、その頃は保守派も「天皇の戦争責任」については「ごくあたりまえにある」と思っていたのかも知れない。それにしても天皇自らによる「自決」ではなく、占領軍に処刑されていれば、と発想するところに、石原という人の本質がよく表れてるね。弱い者は徹底的にいたぶる一方で、強い者にはとことんへつらう、という。

森　少なくとも渡辺清は、本気で退位すべきだと思っていた。その気持ちは敗戦後に、かつて心から慕い愛した人の「無惨な心変わり」に接して、絶望から憎悪へと変わってゆく。でもね、もし敗戦と同時に天皇が退位だけじゃなく自決していたとしたら、彼を敬慕してしまった自分の責任という発想を、その後に渡辺清は持てなかったんじゃないかな。ピリオドを打たれてしまうわけだから。

斎藤　確かに「天皇に身も心も捧げきってしまった自分の責任」という発想を持てなかったかも知れない。

森　戦後の日本社会も含めて、殉教者となった天皇に対する文字どおりの神格化が始まる可能性はとても高い。もしそうなっていたら彼はどうしただろう。今度は天皇を死に追いつめたもの、つまり日本という国の骨格への洞察が始まる可能性もあるよね。まさかアメリカに矛先が向かうほど単純ではないと思います。

斎藤　だまされた自分の責任をより強く感じるようになっていくんだろうか。

森　いずれにしても、純粋にだまされたわけじゃなくて、渡辺清は完全な皇国少年だった。彼が軍隊に入隊する日の朝、水風呂で身を清めて宮城《きゅうじょう》を遥拝《ようはい》して、「私ハ愈々《いよいよ》明日帝国海軍ノ一員トシテ皇国ノ海ノ護リニ就キマス。コノ上ハ粉骨砕身軍務ニ精励シ、以テ醜《しこ》ノ御楯《みたて》トシテノ本分ヲ全ウスル心算デアリマス。モトヨリ私ノ体ハ天皇陛下ヨリオ借リシタモノ、イツノ日カ戦場ニテ必ズオ返シ申シ上ゲマス」と天皇に誓うわけです（『砕かれた神』昭和二〇〈一九四五〉年一〇月一日の項）。ここまで身も心も捧げきってしまった自分に対しての、どうしようもない絶望というか、諦念というか、あきれはてたっていう思いをかみしめていたんだと思う。

このあたりに、戦争を知らない僕や斎藤さんの世代の屈折と若干のコンプレックス的なものが起動してしまうのだけど、要するにここまで純粋に滅私や奉公した体験がないからね。やっぱり不思議なんだ。想像力の射程も実のところ届かない。ここまで純粋に自分の命を捧げようと思わせたのは、やっぱり教育の力なんだろうか？

斎藤　いや、彼は、良くも悪くも純粋すぎたんだと思う。他の人は「捧げたふり」をしていたのかもしれないし、所詮はその程度だから、天皇のふるまいがどうしようもなくっても、別に自分のことまで考えない。俺らはだまされただけなんだって、それで誤魔化していく。そういう中で、渡辺清は非常に内省的に深く思索していった。

森　そのあたりも想像するしかないけれど、確かに彼のように純粋な皇国少年もいたと思う。でも「銃後」で暮らしている人々の中には、「面従腹背」的な態度をとった人もいたようです。例えば、坂口安吾が敗戦の翌年に書いた「続堕落論」の中にこんな一節があります。

昨年八月十五日、天皇の名によって終戦となり、天皇によって救われたと人々は言うけれども、日本歴史の証するところを見れば、常に天皇とはかかる非常の処理に対して日本歴史のあみだした独創的な作品であり、方策であり、奥の手であり、軍部はこの奥の手を本能的に知っており、我々国民又この奥の手を本能的に待ちかまえており、かくて軍部日本人合作の大詰の一幕が八月十五日となった。

たえがたきをたえ、忍びがたきを忍んで、朕の命令に服してくれという。すると国民は泣いて、外ならぬ陛下の命令だから、忍びがたいけれども忍んで負けよう、と言う。嘘をつけ！　嘘をつけ！　嘘をつけ！

我等国民は戦争をやめたくて仕方がなかったのではないか。竹槍をしごいて戦車に立ちむかい、土人形の如くにバタバタ死ぬのが厭でたまらなかったのではないか。戦争の終ることを最も切に欲していた。そのくせ、それが言えないのだ。そして大義名分と云い、又、天皇の命令という。忍びがたきを忍ぶという。何というカラクリだろう。惨めとも又なさけない歴史的大欺瞞ではないか。しかも我等はその欺瞞を知らぬ。天皇の停戦命令がなければ、実際戦車に体当りをし、厭々ながら勇壮に土人形となってバタバタ死んだのだ。最も天皇を冒瀆する軍人が天皇を崇拝するが如くに、我々国民はさのみ天皇を崇拝しないが、天皇を利用することには狎れており、その自らの狡猾さ、大義名分というずるい看板をさとらずに、天皇の尊厳の御利益を謳歌している。何たるカラクリ、又、狡猾さであろうか。

森　断定はできないけれど、前線と銃後とではきっと温度差はあっただろうね。だから敗戦後、戦地から復員してきた渡辺清は、「戦争中は在郷軍人会の副会長をしていて、〈鬼畜米英をやっつけてワシントンに日章旗をあげるまで徹底抗戦だ〉などと大きなことを言っていた」男が、「日本はどうせ敗けてアメリカに占領されちまったんだから、この際いっそアメリカと合併したほうがいいと思うな。（中略）そのほうがこんなちっぽけな貧乏国でよたよたしているよりずっとましだろうや。なんせ、アメリカは世界一の金持ちだもん、そうすりゃ、おれたち百姓だってずっと楽がこけるらよ」という戯言《ざれごと》を聞いて、強い憤りを感じている（『砕かれた神』昭和二一〈一九四六〉年一月二〇日の項）。

ここで彼が問題視しているのは、何となく「勝ち馬」に乗ろう的な発想で時流に乗って提灯行列をやっていた連中が、戦後あっさりと「アメリカ型民主主義」を受け入れてしまっていること。視点を変えれば日本人の逞しさでもあるのだけど。でも渡辺清は引き裂かれる。

斎藤　仮に日本が戦争に勝っていたとしたら、渡辺少年は裏切られなかったということで、そのまま行ったのかも知れないね。まあ、こういう文章を書くような人だから、どこかで変わる可能性が高いように思う。

森　映画「太陽」についての座談会の話に戻るんだけど、戦後なぜ天皇制はタブーになってしまったのかという話になりました。僕は単純に、暴力に対してメディアがおびえたことが大きな要因だと発言しました。もちろん多くの要素が夾雑していることは承知で、あえてその位相で議論しようと考えた。でもそのとき、スタッフの一人で僕とほぼ同世代の人が、その「太陽」のパンフを二つ折りにしてカバンに入れることができなかったという話をしたんです。表紙に昭和天皇の写真が掲載されていることで、何ともいえない抵抗が彼の内部で起動してしまったらしい。

もちろん彼が思想的に偏っているわけじゃない。でも仮にその意識が、ある程度はこの国の主権者たちに標準化される意識であるならば、天皇制タブーの背景やメカニズムについてちょっと考え直さねばならないのかなと思いました。

沈没寸前の武蔵の露天甲板で、奉遷《ほうせん》係の下士官が生存者や負傷者を蹴散らすようにして「御真《ごしん》影《えい》」を運び出す場面を、渡辺清は目撃します。結局、その下士官は「御真影」を背負ったまま思うように泳げず、生還しなかった（『砕かれた神』昭和二〇〈一九四五〉年一一月二五日の項）。そして戦後、知人宅を訪ねて居間に掲げられた天皇家の写真を見て思わず家主に尋ねると、「別にどうってていうあれはないんだけど、家も新しくしたついでに掲げただよ。こういうもの（天皇家の写真）は恰好もんだから、まあいまのはやりことばでいうと、ムードっていうんか、一種の飾りもんだね。ここらあたりでもだいぶ掲げているようだな……」とか「天皇の写真を飾るとなんとなくうちの格があがったような気分になるずら」と語るのを聞いて、日本人の戦後も変わらぬ天皇への崇拝を目の当たりにしています（『私の天皇観』所収「天皇に関する日録」一九八一年四月二〇日の項）。
　偶像崇拝という意味ではとても典型的なのだけど、でも仮にその意識の残滓《ざんし》が、教育勅語など消えたはずの今もこの社会に残っているのなら、これはやっぱり相当に不思議な国だよね。

斎藤　なにか「畏怖するもの」が日本人の中にあるんだろうね。天皇の写真でなくても、人の顔が大写しになっている写真を折るのはちょっとまずいんじゃないかという感覚だったら、俺にもよくわかるんだけど。

森　言い忘れていた。パンフの表紙に載っていたのは、昭和天皇の写真といっても実際にはイッセー尾形です（笑）。

斎藤　渡辺清の日記に東京都江戸川区の小学生の意識調査の話があったけど、「いま、あなたが一番偉いと思う人はだれですか」という設問で「一番偉い人」に、一年生から三年生までが「天皇」、四年生は「父母」、五年生は「国民」を挙げています。彼はその理由について、「これはやはりテレビをはじめマスコミの影響とみていいだろう。わけてもテレビの影響はあなどりがたい。このごろテレビには、国会の開会式にも天皇が出るし、大相撲の観戦にも出るし、天皇がテレビに出る回数はかなり多くなっている。（中略）いまの子どもたちも、大人もそうだが、テレビに出る度数が多ければ多いほど〝偉い〟という型ができているからなおさらである」（『私の天皇観』所収

「天皇に関する日録」一九七三年二月一四日の項）と書いているけど、戦後の「天皇に対する尊敬の念」を植え付けてきたのは、やっぱりテレビなんだろうか。

森　一九七〇年代にしてすでに渡辺清はテレビ批判をやっていた。まあでも、大宅壮一がテレビによって一億総白痴化が進むと書いたのは五七年前だから、その意味では当たり前か。いずれにせよ近代以降を考えるうえで、メディアの役割はとても大きい。僕が最初に天皇を意識したのはいつぐらいかと考えると、野球の天覧試合とか、大相撲を身を乗り出して観戦しているテレビの映像あたりじゃないかなあ。

斎藤　俺だったら子どもの頃に「偉い人は？」なんて聞かれたら、「長嶋茂雄」とか答えていたかもね。親父はシベリア帰りだったけど、別に天皇のことなんか何も言っていなかったし、本当に意識してこなかった。だから、俺もよく左翼の人に、天皇の戦争責任についてなぜ書かないんだと責められるんだよ。以前、高橋哲哉と対談集『平和と平等をあきらめない』(晶文社）を出した時に、二人で書店でトークショーみたいなのをやったのね。そしたら、団塊の世代よりちょっと上くらいの男性に、「結局、天皇なんだ。なぜそれをやらない？」みたいなことを言われた。

森　僕も「放送禁止歌」という番組を作った時に、「森達也は部落問題を取り上げたのに天皇の歌は一曲も取り上げていない。タブーに挑戦とか笑止千万」と批判されたことがあった。でもね、天皇の歌なんてないんだよ。僕が知っているのは唯一、天皇のおならをちゃかした岡林信康の「ヘライデ」くらい。

斎藤　それは俺らにとっては、良くも悪くも空気のようになっちゃってるからかな。

森　天皇制が空気？　そう規定しちゃうと思索が止まるよ。斎藤貴男のその発言はまずいんじゃない（笑）？

斎藤　まずいよ。でも、渡辺清が言うことものすごくわかるんだけど、そこまでリアルには感じられないのも確かなんだ。

森　確かに、彼の場合は、自分から志願するほどの軍国少年だった。武蔵に乗ってほとんど仲間が死んで、そういう過酷な体験をして復員してきたら、マッカーサーと仲良く並んで写真に収まっている天皇がいる。自分が命をかけて守ろうとしたのは一体何だったのか……、そりゃ怒るよね。「身捨つるほどの祖国はありや」と問われれば、そんな心情は共有できないと答えるしかないけれど、怒りはわかる。

話を変えます。一九九二年、わりと最近だけど、「天皇誤導事件」を取り上げたテレビ番組が放送されました。「驚きものの木二十世紀」という番組で、昭和九（一九三四）年一一月一六日、群馬県桐生《きりゅう》市に昭和天皇が行幸した時に起こった事件を取り上げています。

戦前に天皇が桐生市を行幸した時、先導車が交差点で左折すべきところをうっかり直進してしまった。つまり予定を変えてしまったわけです。先導車に乗っていた警察官は自宅謹慎を命じられて、その二日後、昭和天皇がお召し列車に乗って前橋駅を出発する時、その合図の花火に合わせて自決を図ります。結局は一命をとりとめるのだけど、全国からは「よくぞやった」という賞賛の手紙が、彼のところに殺到したそうです。

斎藤　一九九二年にそういう番組を作ってたんだ。

森　その警察官の自決の再現シーン。神棚と天皇の御真影を背後に並べて、その前で自決します。おそらく今のテレビでは、こんなシーンは難しいでしょうね。理論的には不敬でも何でもないのだけど、一五年前の当時としてもギリギリじゃないかな。これ、実はソクーロフの映画のときに名前が出た映画監督の緒方明が、テレビ・ディレクター時代に演出した作品です。

斎藤　九二年というと平成四年、昭和天皇が亡くなって三年か。

森　この誤導事件が起きた当時、天皇の行幸は一年以上も前から準備され、受け入れる側は建物の改修や消毒、予防接種をやり、当然地域住民や関係者の思想調査も行っています。この「桐生行幸」では三カ所（西尋常小学校で機織りの実演、桐生高等工業学校で繊維関係の研究成果、新川公園で消防隊の訓練）の見学が予定されていたのだけど、先導車は一つ目を飛ばしてしまった。だから、桐生市と桐生織物同業組合は天皇に謝罪するため、黙祷を捧げることを市民に発表しました。そして、事件の六日後、天皇が桐生駅に到着した時間に合わせて市中のサイレンを鳴らし、市民は皇居の方角に向いて黙祷を捧げます。

その後、その警察官はどうなったかというと、一九四一年に警察をやめて、結核の療養所の事務長になります。戦後は家業の農家を継いで、一九四六年元旦の昭和天皇の「人間宣言」が発表された日、大切に保管していた新聞記事や手紙の類を全部焼却しました……というところで番組は終わります。なぜ彼が、自分の誇りの品々を焼却したのかについての説明はいっさいない。さすが緒方です。作品としてはとても正しい。今のテレビなら「わかりづらい」と批判されるかもしれないけど。

斎藤　マッカーサーと並んで写された天皇の写真を見て激怒した渡辺清の気持ちと重なるような話だね。

森　興味深かったのは、当時を知っているはずの地元のお年寄りに番組中でインタビューしてるのだけど、皇居に向かって黙祷したことを、ほとんどの人が覚えていないこと。あれほどに大騒ぎしたはずなのに。なるほど、これが「天皇制」なんだなあと思いました。ああ、その意味では斎藤さんの言うように空気なのかな。

斎藤　当時は天皇に向かって頭を下げるというのは、あまりにも当たり前すぎていちいち覚えていなかったんじゃないの。

森　道を間違えたことを報告された天皇は、「あ、そう」と答えたのだと思う。実際に彼は、このミスを咎めるような言葉など口にしていない。でも周囲が過剰に忖度《そんたく》する。ソクーロフの映画でも、昭和天皇の意思は一切描かれていない。描かれているのは「周囲」なんです。中心が希薄になって周囲が分厚くなるというこの構造は、組織共同体の普遍的な病理であると同時に、特に日本人に顕著な傾向なのかもしれない。

最近ではNHKのETV番組「問われる戦時性暴力」の改変問題をめぐる控訴審判決（二〇〇

七年一月二九日）で、東京高裁はNHK幹部による安倍晋三代議士に対する過剰な忖度が改変に結びついたと結論づけました。まあ、この判決については「期待権」なる新しい概念の扱い方も含めて僕はとても微妙だと思っているけれど、この「過剰な忖度」が集団の行動を決定づけることは確かに珍しいことじゃない。かつての大戦はもちろん、オウムの事件にもこの要素はありました。特に天皇制は過剰な忖度の領域がとても大きい。

斎藤　中国文学者の竹内好《よしみ》が言うところの「一木一草に天皇制がある。われわれの皮膚感覚に天皇制がある」（竹内好「権力と芸術」『現代日本文学大系』〈筑摩書房〉第七八巻所収）というやつですか。

政治家や官僚を縛る憲法から国民の生き方を定める憲法へ

斎藤　渡辺清の文章の中で何度か出てくるんだけど、だまされていた自分も悪いって言う時に、自分の中に天皇がいたと話してますね。面白いと思ったのは、武蔵の艦上で視察に来た昭和天皇を間近で見た時、「あれっとおどろいて、〈そう言えば、だいぶ猫背で眼鏡をかけたあの顔は、ぼくの村の収入役の斎藤さんという人にそっくりだ〉と思った。そう思いながら、一方ではすぐ、〈おれはなんてバチ当たりなことを考えるんだろう〉と思ったのね。〈なんという不忠者だ、畏《おそ》れおおくも一天万乗の大君に対して、村の収入役と同列に考えるとはなにごとか〉と、自分で自分を叱責したわけですよ。自分で自分の目にうつった実体を裏切る」（二三四〜二三五ページ参照）と語っています。

斎藤って名字は、こういう話にピッタリなんだよね、いつも。佐藤、斎藤、ウマのクソ。そこら中にいくらでも転がっている。これが天皇制の本質なんじゃないかなと思います。本物を自分の眼で見ているのに、心の中の幻想の天皇に帰依してしまう。その意味で確かに戦前の天皇は「象徴」なんですよ。

戦争責任論が語られる時によく言われるのは、ドイツの場合はヒトラーに責任をおっかぶせちゃったけど、日本の場合は、天皇を許すことで、自分らも責任から逃れられ、許されてしまうという構造が問題だということです。そこで、渡辺清はさらに進んで、自分も「天皇の軍隊」に所属し、その中で「小さな天皇」、つまり下士官として自分より年上の補充兵の上に君臨していた。したがって、天皇を問題にする時は、自分も斬らなくちゃいけないって書いてます（二二四～二二五ページ参照）。

森　今、斎藤さんが戦前の天皇こそが象徴だったんじゃないかって言ったこと、これは重要なポイントだと思います。つまり、戦前・戦中は現人神だったからこそ象徴たり得たわけです。ハトが平和を象徴するように、象徴とは本来、するものとされるものとは異質でなければならない。だから「人間宣言」をした天皇を主権者である国民の象徴にするという現行憲法は、実のところ大きな論理矛盾を孕《はら》んでいる。

そもそも天皇の「人間宣言」にしたって、「年頭、国運振興ノ詔書」（一九四六年一月一日）というもので、「茲《ここ》ニ新年ヲ迎フ。顧《かえり》ミレバ明治天皇明治ノ初国是《はじめこくぜ》トシテ五箇条ノ御誓文ヲ下シ給《たま》ヘリ。曰《いわ》ク、一、広ク会議ヲ興シ万機公論ニ決スヘシ……」から始まって、「朕《ちん》ハ爾等国民ト共ニアリ、常ニ利害ヲ同ジウシ休戚《きゅうせき》ヲ分タント欲ス。朕ト爾等《なんじら》国民トノ間ノ紐帯《ちゅうたい》ハ、終始相互ノ信頼ト敬愛トニ依リテ結バレ、単ナル神話ト伝説トニ依リテ生ゼルモノニ非ズ。天皇ヲ以テ現御神トシ、且《かつ》日本国民ヲ以テ他ノ民族ニ優越セル民族ニシテ、延《ひい》テ世界ヲ支配スベキ運命ヲ有ストノ架空ナル観念ニ基クモノニ非《あら》ズ」が核心の部分になります。厳密に言えば、天皇は自分が人間だなんてひと言も言っていない、不思議な文章です。

斎藤　これ、ずるいよね。「五箇条ノ御誓文」なんか持ち出して、明治維新の原点に帰れってことでしょ。戦争で大負けに負けて、祖父のつくった「国体」の存続もやばい、国民もどうなることかと固唾をのんで見ているといった状況ですよね。その衝撃を和らげるために、「五箇条ノ御誓文」を引っ張り出してきて、前から民主的な国だったじゃないか、今までどおり、初心に返ってがんばろうぜ、みたいなことを言っている。渡辺清も、この他人事のような言い方について、痛烈に批判しているよね。

天皇はまたこうも言っている。

「我国民ハ動モスレバ焦燥ニ流レ、失意ノ淵ニ沈淪《ちんりん》セントスルノ傾キアリ。詭激《きげき》ノ風漸《ようや》ク長ジテ道義ノ念頗《すこぶ》ル衰ヘ、為ニ思想混乱ノ兆アルハ洵《まこと》ニ深憂ニ堪ヘズ」

納得のいかないのは、戦争で国を破局に導いた当の責任者が自分はそのことには何もかかわりあいはないと言わんばかりにこう言っていることだ。国民の「焦燥」も「詭激」もそのおおかたは天皇の責任から起きてきたことではないのか。また「道義ノ念頗ル衰ヘ」たというが、戦争の責任もとらずにいる自分のことは棚にあげて、どうしてそんなもっともらしいことが言えるのか。道義が衰退した根源はそもそも天皇自身にあるのではないか。（中略）天皇は詔書の最後を次のように締めくくっている。

「朕ハ朕ノ信頼スル国民ガ朕ト其ノ心ヲ一ニシテ、自ラ奮ヒ、自ラ励マシ、以テ此ノ大業ヲ成就センコトヲ庶幾《こいねが》フ」

なんの「大業」かは知らないが、天皇にいくら「庶幾」われようと、余人はいざ知らず、おれはもうまっぴらだ。そのために「心ヲ一ニスル」ことも、「自ラ奮ヒ」たつことも、「自ラ励マ」すことも断じていやだ。まちがってもその手にはのりたくない。（『砕かれた神』昭和二一〈一九四六〉年一月二日の項）

森　「人間宣言」直後の行幸、つまり被災地を天皇が訪ねて歩く映像を見たときにふと気づいたのだけど、天皇の周囲に護衛らしき人がいないんです。つまり身の危険などまったく感じていなかった。そう考えると、とても不思議な状況です。

斎藤　渡辺清も、天皇を一目見たいという近所の主婦の話を書いてたじゃない。

「せんだってさ、天皇陛下が横浜のほうを歩いたんだってよお、ありがてえ話だなあーい。それでさ、川口のおとよさんなんか、生きているあいだにどうしても天皇陛下の顔を拝みてえっていって、わざわざ横浜の親戚んちへ泊まりがけで行ったんだって言うけんど、わしも生きているうちに一度実物を見たやあと思うや。そのうち静岡のほうにもくるずらか……」

実はそういういくのうちでも、長男の伍一が上海で戦死しているのだが、その恨みがそのまま天皇に向けられることはないのだ。恨みは天皇を素通りして、結局貧乏くじを引いたということで、あたかも天災のように諦めていくのが落ちだ。（『砕かれた神』昭和二一〈一九四六〉年三月一日の項）

斎藤　要するに、アメリカの都合なんだけど、日本人の心理を読み切ったうえで、GHQは天皇の戦争責任を免責したんでしょう。日本人にとって天皇は、良くも悪くも融通無碍《ゆうづうむげ》な存在だから、天皇を利用したほうが統治しやすかった。

森　そこまではわかる。でも戦後生まれの世代には理解し難いところはいくつもあって、たとえば八月一五日の玉音放送を聞いて、天皇に謝罪するために、皇居前で土下座をしたり、割腹自殺をしたりした人たちがいたよね。歴史的事実として素通りしてしまうけれど、やっぱりそのメンタリティーは不思議です。例えば同盟国だったドイツやイタリア、あるいはヨーロッパの絶対君主制国家にこの状況をはめ込んでみても、この状況は想像できない。

斎藤　民衆の反応はもっとストレートでしょうね。日本の場合、権力と民衆が対立していない。この点は、「憲法改正」を議論する時の基本的な「立ち位置」、前提になる話なんですが、そもそも国家権力の暴走を抑制することが憲法の重要な役割と考える「近代立憲主義」に、自民党の改憲派の連中は憎悪に近い感情を抱いていますね。少し取材してみるとよくわかる。憲法第九九条「天皇又は摂政及び国務大臣、国会議員、裁判官その他の公務員は、この憲法を尊重し擁護する義務を負ふ」というのがあるけど、憲法を守る義務があるのは「天皇又は摂政及び国務大臣、国会議員、裁判官その他の公務員」ではなくて、「国民」のほうだと彼らは言いたいわけです。

自民党の憲法調査会の委員で、典型的な世襲議員である伊藤信太郎・衆議院議員（一九五三年生まれ、父親は防衛庁長官、衆議院議長を歴任した伊藤宗一郎。本人は慶應義塾大学やハーバード大学などの大学院を修了、大学教授や父親の秘書官を務めて、二〇〇一年の補欠選挙で初当選）にインタビューしたことがあるんだけど、彼はこんなことを言ってました。

「だいたい、国の概念自体が、西洋社会のそれと、東洋で生まれて明治以降、西洋的な国家の概念を継承してきた日本とは違うのですね。それを同列で見ること自体に、初めから立脚点の相違を無視した誤謬がある。

日本には本当の市民革命がなかった。土着的なアニミズム以外は、すべて外来思想です。天皇制もある意味では外来思想かもしれませんが、実際の統治形態がどうであれ、常に天皇が超然として存在し、国にとっての何らかの機能を果たしている。シンボルである場合もあれば、天皇自身が権力を握っている場合もあったわけです。そのような国で、統治機構と国民と領土とを、スパッと縦割りに分けるということができるのか、どうか。

日本は本来、非条文主義だと思うのです。文章化されない暗黙の了解なり、通念なりで、国が成り立ってきた。だから、条文化された憲法というもので権力を制限して、絶対王政に戻らなくするということは、日本の伝統にはそぐわない。（中略）

国家とは、人の自由をある程度において必ず奪うものです。一方で国民もまた、非常に深いところでは、何かに自由を制限してもらいたいと思っている。自分の人生に価値があるのかとか、自分は何者なのかってことを、私たちは他者や歴史伝統の中で生まれた価値観に照らして判断しています。自由の制限を行い、ある価値体系を構築することによって、人は自らの存在理由を見つけ、社会生活を送っていけるのです。そもそも社会というものは、自由を制限するルール＝法を創ることによって成り立っている訳です」（斎藤著『ルポ改憲潮流』岩波新書より）

斎藤　この人だけじゃありません。同じ主旨の発言や提言、文章を、俺はあっちこっちで嫌と言うほど見聞きさせられてきた。自民党改憲派の根底にあるのは、「国家権力を縛る憲法から国民の生き方を定める憲法を作りたい。実は日本人は自由を制限されたがっているのだ」ということなんですね。

森　政治家の姿勢として正しいかどうかはともかくとして、論理に一理はあると僕は思う。とすると、仮に今、立憲主義が血肉化していない日本社会に天皇制がなくなったら、何が起こるだろうか。

斎藤　パニックになるかもしれないね。

森　具体的に言うと？

斎藤　アイデンティティ・クライシスかな。つまり、今の神様はアメリカでしょ。日本人はその事実にストレートに対峙してないわけです。その間に象徴天皇を介在させて、アメリカに支配されていると感じないですむ体制にしている。俺には「靖国神社」も「日の丸・君が代」強制にしても、天皇制と同じように、アメリカの統治の現実から目をそらし、日本が独立国であるという幻想をふりまくための「装置」に見える。

森　ということは、日米関係が急激に変わったとしたら、天皇制もまた変わるということになる。

斎藤　ありうるでしょうね。その時は、天皇制を廃止して共和制という選択肢もあるけどね。

森　あるいは、アメリカに取って代わるような、より強力な統治装置としての機能を「天皇制」に求めるかもしれない。

斎藤　だから、「天皇制廃止」を議論しても、多くの人々はかならず代わりの支配装置を求め始めるから、本質的な変化はないんじゃないかと思う。俺はジョージ・オーウェルの『動物農場』（角川文庫）という小説が大好きなんだけど、ああいう風になるんじゃないのかな。

あの小説は、ロシア革命を戯画化したもので、人間に飼われている動物の農場で、人間を追放しちゃうのよ。それで動物たちが天下を取るんだけど、動物は平等であるというスローガンが、いつの間にか「すべての動物は平等である。しかし、ある種の動物はさらに平等である」なんていうふうになっちゃって、そこで、スターリンになぞらえた「ナポレオン」という豚が他の動物を支配するというお話。この世の中というのは、何かを覆しても、結局、違う何者かが新たな権力を握るだけのことにしかならないんじゃないかと思ってしまう。

森　今の話を聞いて、アニメーション映画「王と鳥」を思い出しました。ジブリの高畑勲や宮崎駿が「最も影響を受けた」と絶賛するフランスのアニメーション映画の古典で、ある絶対君主制の国家があって、そこに革命勢力が現れて国王を打倒していくというストーリーなのだけど、象徴的なのは、この国の構造が文字どおりの垂直構造として描かれていること。国土が平面じゃなくて、狭い敷地に立てたビルのように垂直なんです。国王の住む城はとても高い所にあって下にゆくほど貧困階級という、まさしく絵に描いたような、というかアニメだから実際に絵なんだけど（笑）、格差構造が描かれている。

革命の発端は、宮殿に飾られていた、国王と美しい羊飼いの娘と煙突掃除の青年の三枚の絵があって、その娘と青年が恋仲になって、城から逃げ出すことから始まります。で、二人は地下にいたライオンなどの動物たちと一緒に城に攻め上がって行くんだけど、その途中、国王の圧政に苦しんでいる民衆が、「鳥だ！　鳥が来た」と〝解放軍〟の進攻を歓迎するわけです。

凶暴なライオンを、民衆は鳥だと思い込んでいる。なぜなら鳥は平和や平等の象徴なんです。

二重構造のメタファーですね。悪い支配階層を団結して倒しましょうというような単純なストーリーではない。

最近つくづく思うのだけど、『動物農場』や「王と鳥」のような寓話が、とても少なくなってきている。それは僕自身にも言えることで、「直接話法」が多くなってきている。本音を言えば、そろそろ「間接話法」に戻りたいのだけど、でも今はそれどころじゃないって感じもあって……。

斎藤 三年ぐらい前に、『茶色の朝』（大月書店）という、フランスの心理学者が書いた本が日本でも翻訳されて売れたんだけど、この本も、ファシズムが人々の生活にどんなふうに入り込んでくるか、それを描いた寓話です。茶色はナチス・ドイツを連想させる色で、この寓話では、茶色以外のペットを飼うのを禁止するという法律ができて、茶色以外のペットは処分されたり、飼っている人間も逮捕されたり、それを批判した新聞は廃刊になったりする。その法律がさらに厳しくなって、以前、別の色のペットを飼っていた人間まで逮捕するようになり、ついに主人公に司直の手が……という話。

森 ナチスに逮捕され、収容所から生還した牧師のマルチン・ニーメラーの有名な証言を想起させる話ですね。ボストンのホロコースト慰霊碑に刻まれています。

ナチが共産主義者を襲ったとき、自分はやや不安になった。けれども結局自分は共産主義者でなかったので何もしなかった。それからナチは社会主義者を攻撃した。自分の不安はやや増大した。けれども依然として自分は社会主義者ではなかった。そこでやはり何もしなかった。それから学校が、新聞が、ユダヤ人が、というふうに次々と攻撃の手が加わり、そのたびに自分の不安は増したが、なおも何事も行わなかった。さてそれからナチは教会を攻撃した。そうして自分はまさに教会の人間であった。そこで自分は何事かをした。しかしそのときにはすでに手遅れであった（丸山眞男「現代における人間と政治」『増補版・現代政治の思想と行動』〈未来社〉所収、四七五〜四七六ページより再引用）。

斎藤　二〇〇三年四月、東京・西荻窪の公衆便所に「戦争反対」「反戦」と落書きして、建造物損壊の容疑で現行犯で逮捕された青年とか、翌年二月、「イラク派兵反対」のビラを自衛隊官舎の郵便受けに入れて、住居侵入容疑で逮捕された市民団体のメンバー三人（一審無罪、二審有罪、被告側が即日上告）と、自分とは違うと思っている人が多いんだろうね。

森　『毎日新聞』（二〇〇三年四月二二日付）のスクープで、防衛庁が自治体に対して、住民基本台帳から高校卒業予定者の名簿のコピー提供を要請していたことが明らかになりました。でもこちらは逮捕者など出ていない。防衛庁が高校生に募集のダイレクトメールを送るのは「適法」で、「戦争反対」のビラを自衛官の家に配布するのは「違法」ということになる。

斎藤　当時の小泉内閣の石破《いしば》茂《しげる》・防衛庁長官は、自衛隊法施行令第一二〇条（内閣総理大臣は、自衛官の募集に関し必要があると認めるときは、都道府県知事または市町村長に対し、必要な報告または資料の提出を求めることができる）を根拠に適齢者の情報提供を自治体に要請していると言っていたけど、氏名・住所・生年月日・性別の四つの情報以外の情報提供は住基法に定められていません。ところが、自治体によっては、「健康状態」「戸籍」「親の職業」「無職男性のリストアップ」「中学卒業名簿」などを出していたところもあった。

個人情報を政府に差し出すのは平気で、政治ビラをポストに突っ込まれるのはイヤ、というのは、さっきの「日本人は立憲主義が血肉化していない」という話につながっていくと思う。彼らのロジックには一理あるのも確かなんです。情けなさすぎることだけどね。

「靖国」をめぐって、世論が右翼を追い越した？

森　昨年（二〇〇六年）の話だけど、昭和天皇が「A級戦犯」の靖国神社合祀について語った言葉が公開されて、小泉首相の靖国参拝を目前にしていた時期だっただけに、大騒ぎになりました。その『日本経済新聞』のスクープ（二〇〇六年七月二〇日付）「富田メモ」の報道をみて、斎藤さんはどういうふうに受けとめました？

僕はね、メモが発見される前から、みんなある程度わかっていたことだと思うんですよ。おそらく、昭和天皇はA級戦犯の合祀に対してなんらかの違和感を持っていたに違いないと。だって明らかに合祀以降、彼は参拝していないわけですから。その意味ではとても明確な意思表示です。ところが彼の場合、その意思表示がなぜか不可視の領域に置かれてしまう。もし仮にメモが本物なら、天皇の葛藤は凄まじかったと思う。

斎藤　昭和天皇の靖国神社参拝は、一九七五年一一月を最後に途絶えてしまって、その理由が、当時の三木武夫首相が私人としての靖国参拝を強調して政治問題化したからという説と、一九七八年一〇月に一四人のA級戦犯が合祀されたからという説の二つがあって、論争がつづいていた。

森　その論争については、今度のスクープで決着はついた、ということだよね。でも、だからといって左やリベラルが「昭和天皇はこう言い残しているじゃないか」と錦の御旗にするのなら、それも倒錯した話です。まあ僕の周囲には、そんな浅はかな左やリベラルはいなかったと思うけれど。

翌日の『産経新聞』は、「富田氏のメモは後者の説を補強する一つの資料といえるが、それは学問的な評価にとどめるべきであり、A級戦犯分祀の是非論に利用すべきでない。まして、首相の靖国参拝をめぐる是非論と安易に結びつけるようなことがあってはなるまい。（中略）小泉純一郎首相は富田氏のメモに左右されず、国民を代表して堂々と靖国神社に参拝してほしい」（二〇〇六年七月二一日付「主張」）と述べています。思想信条はともかく、僕もそう思う。仮に僕が右翼なら、メモが見つかろうがなかろうが参拝します。

斎藤　その点について、小泉首相ははっきり「（自身の参拝に）影響ない」「心の問題だから。行ってもいいし、行かなくてもいいし、誰でも自由」と語っていました。

森　心の問題。確かにそうかもしれない。でもならば選挙公約になどすべきじゃない。心の問題と公約は対極の存在です。子どもにだって「何か変だよ」と指摘される矛盾です。参拝についてはこの二つの根拠を、小泉はその場で使い分けている。ただしいずれにせよ靖国神社は、国体を守るために、言い換えれば天皇の名の下に戦った人たちが祀られている神社だから、その天皇から否定されてしまっては、存在理由が大きく揺らぎますね。

斎藤　確かに、靖国神社はかなり特殊な神社で、天皇のために戦った人たちだけ「英霊」として祀っているよね。当然、戊辰戦争で賊軍となった会津藩の白虎隊の少年たちは祀られていないわけだし、明治政府に反乱を起こした西郷隆盛も合祀されていない。ところが、白虎隊と同じ会津藩でも、一八六四年の「禁門の変」で御所を守って長州藩と戦って戦死した会津藩兵は祀られています。

森　その靖国神社がA級戦犯を合祀したことに対して、昭和天皇が違和感を抱いていたとするならば、首相の参拝を正当化しようとしてきた人たちからすれば、確かに大きな論拠を失ったことになる。

斎藤　俺や森さんが昭和天皇の言葉に左右されることはないにせよ、参拝支持派の人たちがどう判断するかですね。

森　でもね、「富田メモ」が出た時につくづく思ったけれど、過去の天皇がどう言ったかではなくて、今の天皇がどう思っているかを、なぜ誰も考えないのだろう。政治的な発言はできないし、させるべきではないというところなのだろうけれど、でもならば「富田メモ」だって闇に付すべき存在になってしまう。今上天皇はこれまで、とても示唆的な発言を繰り返しています。例えば、昨年の東南アジアに行く前の記者会見（二〇〇六年六月六日）で、教育基本法の「改正」について問われた天皇はこう答えています。

【質問】まず、第一の質問なんですけれども、愛国心を促す方向で日本の教育基本法の改正が進められています。しかし、陛下がこの度訪問されます国も含めました近隣諸国では、そういった動きが戦前の国家主義的な教育への転換になるのではと恐れられています。陛下もそうした見解に共鳴されますでしょうか。

【天皇】教育基本法の改正は、現在国会で論議されている問題ですので、憲法上の私の立場からは、その内容について述べることは控えたいと思います。

教育は、国の発展や社会の安定にとって極めて重要であり、日本の発展も、人々が教育に非常な努力を払ってきたことに負うところが大きかったと思います。

これからの日本の教育の在り方についても、関係者が十分に議論を尽くして、日本の人々が、自分の国と自分の国の人々を大切にしながら、世界の国の人々の幸せについても心を寄せていくように育っていくことを願っています。

なお、戦前のような状況になるのではないかということですが、戦前と今日の状況では大きく異なっている面があります。その原因については歴史家にゆだねられるべきことで、私が言うことは控えますが、事実としては、昭和五年から一一年、一九三〇年から三六年の六年間に、要人に対する襲撃が相次ぎ、そのために内閣総理大臣あるいはその経験者四人が亡くなり、さらに内閣総理大臣一人がかろうじて襲撃から助かるという異常な事態が起こりました。帝国議会はその後も続きましたが、政党内閣はこの時期に終わりを告げました。そのような状況下では、議員や国民が自由に発言することは非常に難しかったと思います。

先の大戦に先立ち、このような時代のあったことを多くの日本人が心にとどめ、そのようなことが二度と起こらないよう日本の今後の道を進めていくことを信じています。（宮内庁HP「天皇皇后両陛下の記者会見」より）

斎藤　きわめつけは、二〇〇四年一〇月二八日に行われた園遊会での、米長邦雄・東京都教育委員とのやり取りです。

天皇陛下は園遊会の席上、東京都教育委員を務める棋士の米長邦雄さん（六一）から「日本中の学校で国旗を掲げ、国歌を斉唱させることが私の仕事でございます」と話しかけられた際、「やはり、強制になるということではないことが望ましい」と述べた。

米長さんは「もうもちろんそう、本当に素晴らしいお言葉をいただき、ありがとうございました」と答えた。（『朝日新聞』二〇〇四年一〇月二九日付）

森　今の天皇は君が代を歌わない。式典で君が代が流れている時の天皇の映像をチェックしたのだけど、皇后と二人で、黙って聴いているんです。君が代は天皇家を讃える歌だから、天皇自身は歌わないという説明を聞いたことがあるけれど、でも昭和天皇は歌っていたようですね。

斎藤　え、そうなの？

森　だからといって、今上天皇が「君が代」に対して否定的な意見を持っていると短絡するつもりはないけれど、でもいずれにしても、その心中は聞いてみたい。

斎藤　天皇は政治に関わることは今の憲法では許されないけど、靖国神社は天皇そのものに関わることだものね。

森　発言そのものは封殺されても、存在自体はとても政治的だし、特に最近、実際にいろんな形で利用されている。たぶんそんな状況に対して、天皇は強い苛立ちのようなものを抱えているかもしれないし、葛藤や煩悶だってあるかもしれない。

斎藤　今回の「富田メモ」を参拝反対派が「錦の御旗」にするような愚かなことをするとは思えないけど、でも、なんとなく「陛下も言っておられるのだから……」という雰囲気はあるよね。

森　確かに、これでもう決着がついた、みたいなところがあると同時に、それを思ってしまう自分に対しての苛立ちもある。まあとにかく、宮内庁長官のメモだから信憑性は高いと思う。

斎藤　いくらなんでも、（富田メモが）ウソとか、でっち上げということはないでしょう。

森　櫻井よしこが自分のホームページで、「富田メモ」について書いていたけれど、論旨が途中でひっくり返っている。ニセモノの可能性を示唆しながら、本質は国家機密漏洩だとの展開は、いくらなんでもあまりに杜撰すぎる。

このメモから浮かび上がる天皇像にも違和感を抱く。あの不当な東京裁判で、自らの命を差し出すことによって天皇と皇室を守り、日本国を守ったのが〝A級戦犯〟だった。そして昭和天皇もまた、ご自分の命を差し出して日本国と国民を守ろうとした。マッカーサーに対し、ご自分の運命はどうなってもよい、すべての責任はご自分にあると述べられ、いっさいの弁明をなさらなかったのは周知のとおりだ。

他人への責任転嫁をなさらない昭和天皇が、「富田メモ」ではおよそ正反対の姿である。これはたして真の姿なのか。八八年四月当時の昭和天皇は体調も悪く、メモのようなご発言があったとしても、ご自分の真意を十分に伝えることができていなかったのではないかと思えてならない。

そして、メモはなぜ今になって流出したのか。国家機密保持の観点から問題の根の深さを指摘するのが、京都大学教授の中西輝政氏である。氏は、宮内庁長官だった富田氏が職務として昭和天皇のお近くに仕え、そこで入手した情報を書きつけた『富田メモ』は、まぎれもない公文書であると指摘する。（中略）

中西氏は、「富田メモ」は欧米では公文書と見なされると指摘する。となれば、富田氏は退職後、公文書を自宅に退蔵し、それを今回、富田家が私的に流用したことになる。この種のことは英国では「公的機密保護法」で一〇年以上の懲役刑に処せられると、中西氏は言う。宮内庁始まって以来の大スキャンダルが示す、日本という国家体制のあまりの不備、驚くべき機密漏洩事件の本質をこそ見なければならない。（「櫻井よしこＷｅｂサイト」二〇〇六年八月五日付）

斎藤　彼女は、日経のスクープは「世紀の誤報」（同ＨＰ・二〇〇六年八月一〇日付）の疑いがあると書いているし、靖国神社側も「信憑性の確立しない中、一方的に昭和天皇のお言葉と断定し政治利用する意図的な報道で残念」（二〇〇六年秋季例大祭、南部利昭宮司の発言〈『朝日新聞』一〇月一八日付夕刊〉）と言っているようだから、Ａ級戦犯の「合祀取り消し」とか「分祀」といった議論には進まないでしょうね。

ただ、右翼みたいなことを言うようだけどさ、昭和天皇が東京裁判を絶対視するというのも変だよね。靖国神社の中に気にいらなかったヤツがいるから、行かないというのはわかるけど、「Ａ級戦犯がいるから」と言っているわけでしょう。

森　櫻井よしこが言うように、Ａ級戦犯やＢＣ級戦犯の処刑というのは、いわゆる「国体護持」、天皇制を維持するための〝いけにえ〟になった人たちという見方もあるわけで、それを当然ながら昭和天皇もわかっていたはずでしょう。そうすると確かに、このメモは「論理矛盾」だし「感情のもつれ」ということになる。

斎藤　そのへんはわからない。ただ、このスクープが「日経」だったということに意味があるという人がいました。つまり、財界筋の関わりじゃないかと。

森　僕もその話を聞きました。これ以上、中国や韓国ともめると商売上困るという財界の意向があって、「日経」に載ったという……。それで「日経」本社に火炎瓶が投げられたんだけど（二〇〇六年七月二一日）、もしこれが右翼の仕業だとすれば、右翼も何をどうすればいいのか、わけがわからなくなったんじゃないかと思って、「君が代は五千回歌った。日の丸は五千回掲げた。靖国神社は五百回参拝した」と言っている一水会顧問の鈴木邦男に聞いたら、「日本の右翼は今とても困っている」って言ってました。「世論が自分たちをドンドン追い越している」って。

斎藤　完全に追い越しちゃったよね。驚いたのは、あの、「徴兵制は奴隷的苦役ではない」「徴兵制は憲法違反ではない」と公言している石破茂・元防衛庁長官までが、「以前の『正論』『諸君！』は、まさしく保守の正論でもあった。世の中にはなかなか受け入れられないけど、これが本当なんじゃないですか、という静かな、そして深い主張があったと思う。（中略）最近、『正論』『諸君！』に何となく違和感を覚えるようになってきたのは、その静かさがなくなってきたせいなのかもしれない」（「インタビュー・生粋の愛読者が抱く『正論』『諸君！』への違和感」『論座』二〇〇六年八月号）と語っています。

結局、小泉首相は在職中最後の八月一五日に靖国神社に参拝し、同じ日に「参拝反対」を主張していた加藤紘一代議士の実家が放火されました。二週間経って、やっと小泉首相が「気にくわないことを他人が言ったから（といって）それについて暴力的な行為をするのは許されることじゃない」とコメントを出しましたけど、この事件に関するコメントが遅れたことについては、「聞かれなかったから答えなかった」と答えたでしょ。

森　聞かないメディアも問題だけど、聞かれないから言わないというのもどうだろう。だって首相にしてみれば、自らの参拝をめぐる余波で加藤代議士の実家は放火されたわけですよね。

斎藤　俺のところに、この事件のコメントを取りにきた新聞記者が「（靖国参拝に反対していたんだから、放火されても）あたりまえじゃん、という空気になってしまっていると思いませんか」って話してました。そうですよね、と返すしかなかった。

森　言論に対するテロについては、言論の最大の当事者であるはずのメディアが最も危機感を持たなくてはならないんだけど……。

斎藤　自分たちが放火されるような発言をしようとは考えてもいないからだろうね。

森　「明日は我が身」じゃないのか。

斎藤　そうそう。権力をチェックするんじゃなくて、権力側の意向を垂れ流すことしかしないんだから、べつに怖くも何ともない。

森　軸の話に戻そうか。確かに急激にずれている。たとえばかつて『憲法改正　山崎拓』（生産性出版、二〇〇一年五月三日発行）という書名の本を出すくらいに改憲派の筆頭だった防衛族のボス、山崎拓・自民党安全保障調査会長が、拉致問題では国賊扱いされました。

彼は「週刊誌に叩かれました。拉致問題を軽視する、血も涙もない人間だと。うんざりしますね。朝鮮半島の核武装は日本にとって最大の脅威なんです。それに、北朝鮮の核問題との見合いで、日本の中にも核武装論が出てきています。それを封じるためにも、朝鮮半島の非核化は必ず実現しなければいけない。（中略）（政府や議会が核問題を重視しないのはなぜかと問われて）それは、国民は自らの水準以上の政府や議会をつくることができないからですよ。さらに言えば、マスコミの論調、特にテレビはひどいですよ、ワイドショーで核問題をやることは少なく、拉致問題一辺倒です。視聴率がとれるからでしょう」（『論座』二〇〇六年八月号）と言っていますが、この視点については僕も同意見。拉致報道については、情緒と論理があまりにも錯綜してしまっているように思う。救う会の背後にいる勢力など、報ずべきことがほとんど報じられていない。だから今年（二〇〇七年）一月に再び平壌に飛んだ山崎拓は評価します。世相はまたバッシングだったけれど。

文芸評論家の斎藤美奈子も言っていたけれど、事件や事故、国際問題なども含めて、事が家族に及ぶとき、日本のメディアはとても過熱します。言い換えれば、世相がこれを求めます。拉致問題が典型だけど、「子殺し」や「親殺し」などもそうですね。家族の悲痛な物語に、とても強く反応します。

つまりは血縁共同体的な情緒が、この社会の根底に流れている。社会全体が擬似家族的な紐帯をどこかで欲している。人を個として見ることが苦手で、血縁的な関係性の延長で捉えようとする傾向がとても強い。家族の基盤は言うまでもなく論理ではなく情緒です。だから理不尽になることはある意味で当たり前なんですね。自己と他者との境界が融解しちゃう。その帰結として「絶対に許せない」とヒステリックに反応してしまう。

民族主義の高揚などと最近はよく言われるけれど、その本質は民族主義ではなくて家族主義じゃないかと僕は思う。その結果、「子どもたちを守れ」式のスローガンが出回って、自警団や監視カメラが日本中に増殖して学校や町の風景もずいぶん変わったけれど、実は子どもが殺される事件って、一九六〇年前後をピークに、数量的にはずっと減少しています。そもそも殺人事件も同様。治安は決して悪化していない。でも悪化するばかりの「体感治安」（人が肌で感じる安全の度合い）に引きずられて、社会のシステムが激しく変わっています。

たとえば最近では北朝鮮に対して経済制裁も実行せよと大騒ぎだけど、横田めぐみさんの遺骨問題が起きた時、日本政府は人道的支援を停止しているんです。この時点でアメリカや他の多くの国々は続けています。人道的支援の主要品目は米と医薬品です。つまりこの支援を停止した結果、飢餓や病気に苦しむ子どもや老人たちが大勢死んでいる可能性がある。要するに視点を変えれば、「九・一一」を理由にアフガンやイラクに武力侵攻して自国民の被害よりも大勢の被害を出したアメリカと同様のことを日本はやっている。いずれにせよ、東アジアの安全保障についての優先順位を考えるとき、日本国内では拉致問題があまりにも突出しすぎています。

でも今、もしも居酒屋あたりで「拉致問題への傾斜が大きすぎる」などと言ったら、きっと非国民って罵倒されるだろうな。つくづく思うけれど、この国はいつも傾斜が激しくて、結局行き着く所まで行って破綻することを繰り返している。

斎藤　仮に「破綻」して次に行ったとしても、この国は変わらないんじゃないかな。中国文学者の竹内好《よしみ》が遺した絶望的な言葉があります。

日本では、観念が現実と不調和になると（中略）、以前の原理を捨てて別の原理をさがすことからやりなおす。観念は置き去りにされ、原理は捨てられる。（中略）失敗は成功の母、失敗したらやりなおせばいい。家が焼けたらまた建てればいいので、焼けたことをくよくよしてもはじまらぬ。死んだ子の年をかぞえるより、また生めばいい。戦争に負けてから戦犯追求をやって何になる、ということになる。日本イデオロギイには失敗がない。それは永久に失敗することで、永久に成功している。無限のくりかえしである。そしてそれが、進歩のように観念されている。（『竹内好全集』〈筑摩書房〉第四巻所収「近代とは何か」より引用。以下、竹内の文章は上記論文からの引用）

斎藤　さらに竹内は〝日本人の新しもの好き〟について、「日本文化は進歩的であり、日本人は勤勉である。（中略）『新しい』ということが価値の規準になるような、『新しい』ということと『正しい』ということが重なりあって表象されるような日本人の無意識の心理傾向」があると言います。

森　戦争中の国民学校（小学校）の高等科（現在の中一～中二）の教師のほとんどは、自分の受け持ちの生徒から一人でも多くの志願兵を出そうとやっきになっていた。その教師たちが敗戦後、青年団の顧問におさまって「民主主義の話」を講義したりしていることに対して、前述のアメリカと合併したらいいと言う「在郷軍人会の副会長」と同様、渡辺清はとても強く憤慨しています。

斎藤　そうした日本人の主体性の無さについては、竹内好が次のようにトドメを刺しています。

こうした主体性の欠如は、自己が自己自身でないことからきている。自己が自己自身でないのは、自己自身であることを放棄したからだ。つまり抵抗を放棄したからだ。（中略）放棄したことは、日本文化の優秀さのあらわれである。（だから日本文化の優秀さは、ドレイとしての優秀さ、ダラクの方向における優秀さだ。）（中略）

日本文化は、伝統のなかに独立の体験をもたないのではないか、そのために独立という状態が実感として感じられないのではないか、と私は思う。外からくるものを苦痛として抵抗において受け取ったことは一度もないのではないか。自由の味を知らぬものは、自由であるという暗示だけで満足する。ドレイは自分がドレイでないと思うことでドレイである。

森　坂口安吾の「堕落論」にも繋がるね。でもさ、あえて聞くけれど、改憲派の「押しつけられた憲法を改めて、自分たちの手で新しい憲法を作る」というレトリックは、とりあえずは〝主体性〟を発露しているし、日本的な負の属性に対しての抵抗であるとの見方ができるよね？

斎藤　俺自身、最初に「押しつけられた」ということに反発を感じないことはないけど、日本の側にも民間の憲法研究会をはじめ、新憲法草案を作る動きがあったし、ＧＨＱのほうもそれを見ながら、新憲法の骨子を作ったんだよね。その後、朝鮮戦争が始まって、日本を反共の防波堤にしたかったアメリカは、再軍備を要求してきたでしょ。それに対して吉田茂首相は憲法第九条を盾にとって軽武装路線で応えようとした。

一九五三年の「池田・ロバートソン会談」では、吉田首相の特使として、吉田の側近だった池田勇人・自由党政調会長（のち首相）がアメリカに派遣され、ロバートソン・極東問題担当国務次官補と一カ月にわたって、日本の「防衛力増強」について交渉しました。

そのへんの事情については、当時、通訳を兼務して池田政調会長に同行した宮沢喜一参議院議員（のち首相）が、著書『東京・ワシントンの密談』（サイマル出版会、のち中公文庫）で、アメリカ側は「日本の保安隊の地上部隊の増強目標を、一応三二万五千ないし三五万程度に置くべきだと思う。（そのため）今年度内に、地上部隊を二万四千人、明年内に四万六千人増強して、明年内に一八万にしてもらいたい」と要求してきたと書いています。一九五〇年の警察予備隊の発足時の隊員数が七万五千人ですから、四年間で二・四倍増という要求でした。結局、陸上兵力一八万と新たな航空隊設置を約束させられました。

交渉にあたって、日本側は「防衛力」を「増強」するうえで「四つの制約」があると主張します。そのうちの「法律的制約」は憲法改正が困難であること、「政治的・社会的制約」については、新たに保安隊員を募集した場合、その対象年齢にあたる青少年は、新憲法と、今は「旧」になってしまったけど、新しい教育基本法の下で、文部省が作った『あたらしい憲法のはなし』を新制中学校で学んだ若者たちなので、兵士にするには難しいということです。

【法律的制約】憲法第九条の規定のほか憲法改正手続きは非常に困難なものであり、たとえ国の指導者が憲法改正の措置を探ることがよいと信じたとしても、予見し得る将来の改正は可能とはみえない。

【政治的・社会的制約】これは憲法起草にあたって占領軍当局がとった政策に源を発する。占領八年にわたって、日本人はいかなることが起っても武器をとるべきでないとの教育を最も強く受けたのは、防衛の任に先ずつかなければならない青少年であった。

（以下「経済的制約」「実際的制約」は省略。『朝日新聞』一九五三年一〇月二五日付「会談成果を要約・草案要旨」）

斎藤　そこで、日米両政府は「日本国民の防衛に対する責任感を増大させるような日本の空気を助長することが最も重要であることに同意した。日本政府は教育および広報によって日本に愛国心と自衛のための自発的精神が成長するような空気を助長することに第一の責任をもつものである」（前掲『朝日新聞』）と確認し合ってるんですよ。つまり、アメリカに「愛国心を喚起・涵養するような教育政策を実施せよ」と迫られたわけで、今度の教育基本法の「改正」は、この五〇年以上前のアメリカとの約束を果たしたと言えるんじゃないですか。

森　なんか「お前が押しつけた憲法があるから、軍隊が持てないんだ」と拗ねているようにも受け取れるし、「愛国心の涵養」までアメリカに強要されていたとは驚きです。でも、日本が独立を回復して間もない頃に、アメリカの言いなりにならないための「抵抗の武器」にしたのが「憲法第九条」だったってことがよくわかる。それに男女同権（二四条）や二五条の生存権の記述も、アメリカの憲法にはないからね。占領軍におけるニューディーラーたちの理念でもあるし、日本の大正デモクラシーの進化形でもある。アメリカの押しつけと単純に口にはできないはずなのだけど。

あの三島由紀夫だって、「折角『憲法改正』を推進しても、却つてアメリカの思ふ壺におちいり、日本が獨立國家として、日本の本然の姿を開顯する結果にならぬ」「たとひ憲法九條を改正して、安保條約を雙務條約に書き換へても、それで日本が獨立國としての體面を回復したことにはならぬ。韓國その他アジア反共國家と同列に並んだだけの結果に終ることは明らか」（「問題提起（日本國憲法）」『三島由紀夫全集』〈新潮社〉第三四巻）であると主張していた。つまり現行憲法制定後に勃発した朝鮮戦争などの影響を受けながら、改憲しないことこそが日本の主体性であるとのロジックに、当時は到達していたはずなんだよね。それを誰もが忘れている。それと「改憲」と「日米安保条約」との間にある矛盾が顕在化することについては、どう捉えようか。

斎藤　現実を直視するのは辛いけど、結局、日本の戦後などというものは、アメリカの手のひらの上で転がされてきたのに過ぎないんじゃないのだろうか。戦争の賠償問題でもアメリカは、日本を反共陣営に入れるために、対日平和条約を結ぶ際、日本に対する賠償請求権放棄を言い出して、他の国も従うように圧力をかけます。賠償金をチャラにしてくれるように他の国々に働きかけてくれたアメリカには頭が上がりませんよね。それが今、日本に対するアメリカの「要求」がむき出しになってきた分だけ、「愛国心もどき」が強調される。

森　この「愛国心もどき」が「反米」に繋がらないことが不思議だね。

斎藤　それはもう、アメリカは絶対的な力だからだよ。保守の政治家が本気で逆らえば、その地位はもちろん、生命、財産だって危ない。自分が何かを失う覚悟でもしない限り、「反米」になる余地はないいんだと思う。

連綿と続く底なしの無責任感覚

森　ここのところ、小林よしのりと何度か対談をやったんだけど（『ＱＪ〈クイック・ジャパン〉』六七号、太田出版）、僕と彼が一致するところは、戦争責任を戦争指導者から一般兵士までのＡ級・Ｂ級・Ｃ級に分けて負わせ、軍閥やそれを後押しした財閥に国民はだまされたとの解釈はおかしい、という点です。

斎藤　「東京裁判史観」を絶対視するのはまずいとは、俺も思うよ。

森　靖国を同レベルで論じることは乱暴だけど、Ａ級戦犯だけに罪や責任を押しつける発想は違う。思想信条ではなくて事実ではないと僕は思う。

斎藤　「極東国際軍事裁判」は勝者による裁判であったことはまちがいないし、その点では俺も小林よしのりとかなり一致する。渡辺清は日本人の手によってきちんと裁くべきだと書いてます。だいたい、アメリカのやった裁判なんて無茶苦茶じゃないですか。「大元帥」だった人を免責したり、東西冷戦が激しくなったからって、A級戦犯容疑者として逮捕した岸信介をこいつは使えそうだからって釈放し、やがて首相となった岸との間で安保条約の改定をやったりするのだから、自分らの都合のいいようにしただけなのは間違いないでしょ。

森　日本人が戦争責任を考えるうえで良いテキストになるのは、魚住昭と佐高信の対談『だまされることの責任』（高文研刊）の冒頭に全文が掲載されている、映画監督・伊丹万作の「戦争責任者の問題」です。

……さて、多くの人が、今度の戦争でだまされていたという。みながみな口を揃えてだまされていたという。私の知っている範囲ではおれがだましたのだといった人間はまだ一人もいない。（中略）

少なくとも戦争の期間をつうじて、だれが一番直接に、そして連続的に我々を圧迫しつづけたか、苦しめつづけたかということを考えるとき、だれの記憶にも直ぐ蘇ってくるのは、直ぐ近所の小商人の顔であり、隣組長や町会長の顔であり、あるいは郊外の百姓の顔であり、あるいは区役所や郵便局や交通機関や配給機関などの小役人や雇員や労働者であり、あるいは学校の先生であり、といったように、我々が日常的な生活を営むうえにおいていやでも接触しなければならない、あらゆる身近な人々であったということはいったい何を意味するのであろうか。（中略）

つまりだますものだけでは戦争は起こらない。だますものとだまされるものとがそろわなければ戦争は起こらないということになると、戦争の責任もまた（たとえ軽重の差はあるにしても）当然両方にあるものと考えるほかはないのである。

そしてだまされたものの罪は、ただ単にだまされたという事実そのものの中にあるのではなく、あんなにも雑作なくだまされるほど批判力を失い、思考力を失い、信念を失い、家畜的な盲従に自己のいっさいをゆだねるようになってしまっていた国民全体の文化的無気力、無自覚、無反省、無責任などが悪の本体なのである。（後略）

森　伊丹万作はこのエッセイを、敗戦の翌年（一九四六年）、亡くなる数カ月前に書いている。六〇年後の日本人は、しみじみと噛みしめなければならない文章だと思う。

斎藤　でも、一九三一年に満州事変を引き起こした石原完爾《かんじ》・陸軍中将が、終戦直後の四五年八月二八日付の『読売報知』で、「敗戦の原因は？」と問われて「国民道義の驚くべき低下にある、軍閥が悪いの官僚がどうのと言ってもこれ均しく国民であって何と言っても国民の道義知性、勇気が足りなかったために諸々の敗因が戦局の逼迫につれて大きくなったのである」と答えているのを読むと、「お前が言うか！」と怒りを抑えられないけど。いつの時代も、この手の連中の居直り方というのは同じなんですね。自分自身にとことん甘く、他人には徹底的に厳しい。どこまでも人間のクズです。

森　道義や知性、勇気などの低下や欠落が敗戦の原因と本気で石原が思っているのなら、指導者としてはあまりにお粗末です。

植民地主義が全盛だった時代には、領土や資源、労働力の奪取を目的とした戦争は確かにあった。でも二〇世紀以降、戦争は一部の政治家・軍人・財界人らが他国を侵略したいとの欲望に駆られて起こすものではなく、国全体が抱く一定量の危機意識が燃料だと僕は思っています。つまり意識としては正当防衛。仮想敵が実際の敵になってしまう。日本も同様です。だからいまだに侵略か自衛かという命題すら明らかにできない。二者択一じゃない。当事者にしてみれば自衛で他者から見れば侵略なんです。ただし軍部やタカ派の政治家、軍需産業などは、この危機意識の高揚に便乗します。あるいは時には着火する場合もありますね。

そこで斎藤さんに質問。石原のようなトップの軍人だけでなく、どういうレベルまで「戦争責任」が問われるべきと思いますか？

斎藤　観念としては当然、すべての国民。処刑ということになれば、A級戦犯といわれるクラスは当然だし、官僚でも意思決定のできる立場の人間はすべてですよ、戦争を起こしてしまったのだから。どいつもこいつもさっさと、誰も知らないところで自決すべきだと思う。これは勝とうが負けようが同じです。どうしても避けられない戦争というのがあり得ないとは思わないけれども、そこまでの状況にしてしまった責任を、指導者なら問われるべきだ。政府の意思決定にこれっぽっちも参加できない立場の人間を片っ端から戦場に送り込み、殺させまくり、死なせまくってきたのだから。ただ、俺が同じ立場になったとして、そう簡単に自決できるかと言われたら、できやしないから、そこまでは言わない。生きててもいいからさ、せめて偉そうな口をきいたり、国会議員になったり、せがれを高い地位につけたりするのだけは勘弁してよ、と思う。

森　責任を取れと声高に言う気は僕もない。でもせめて蟄居くらいしろよとは思う。自らの影響力は行使すべきではない。A級戦犯でありながら戦後に首相になった岸信介が象徴的だけど。

斎藤　岸のような恥知らずがゴロゴロしていますね。例えば、大量の戦死者を出したノモンハン事件（一九三九年、モンゴルと満州の国境ノモンハンで起きた、日本軍とソ連軍の衝突）で、参謀本部の作戦中止命令を無視して大敗北したにもかかわらず、太平洋戦争開戦直前には参謀本部部員として、対米戦争に旗を振った辻政信の「戦後」なんか信じられない。彼は、一九五二年に衆議院議員、五九年には参議院議員になっています。

その辻が朝鮮戦争さなかの一九五二年、日本の保安隊（一九五二年、警察予備隊から改組、五四年に自衛隊となる）を朝鮮半島に送る可能性があるのか、米軍が日本から撤退した場合に備えて、自衛力を増強すべしと、吉田茂首相に迫っているんだよね。ちょっと長いけど、辻の戦争観があまりにもすさまじいので、引用しておきます。

私は、自衛力漸増の根本問題について、吉田総理大臣に二、三お尋ねをいたしたいと存じます。

アジアをアジア人で守らせ、米軍を朝鮮から引揚げることを公約して大統領に選ばれたアイゼンハウアー元帥が、どうしてそれを実現するかは、世界注目の的であります。（中略）私の戦場体験から観察しますと、彼がもし積極的にこの戦争を解決しようとしましたならば、原爆兵器を戦場に使うか、地上作戦で共産軍を撃破するか、それとも満州内部を爆撃して、北京政府に戦争を放棄させるかのいずれかであると考えるのであります。

しかしながら、原爆の効果は、疎開分散して陣地によっている共産軍に対しては、ほとんど期待し得ないのであります。のみならず、世界の非難を受けますから、これは容易に使えない。しからば、地上作戦において突破して共産軍を破ることができるかという問題を検討いたしますと、すでに一年半以上にわたり、三十八度線に膠着した彼我の戦線は、非常な堅固な縦深の大なるものになっております。そのような戦線を突破するためには、共産軍の三倍の兵力を必要とすると考えますが、それはたいへんむずかしい問題であります。万一できたと仮定いたしましても、突破後における作戦の進捗というものが、共産軍得意の持久戦略に翻弄されまして、戦局を短期間に終結させることはおそらく不可能であると考えます。

満州爆撃は第三次大戦を引起すからやらないであろうと考える方もあるのであります。しかし、私は必ずしもそうとは考えないのであります。何となれば、満州はソ連の領土ではありません。朝鮮戦線における共産軍の兵站基地であります。従いまして、スターリンとしては、それに相当する報復爆撃を米軍の兵站基地たる日本に加え、戦場を日本に拡大し、アジア全域にわたり大消耗戦を展開するのではないかと考えるのであります。このように日本の運命に重大な影響のある満州爆撃に関して、日本としては発言を許されないということを、慎重に考えねばなりません。（中略）

第三の解決方法は、アジア人をもってアジア人を撃たすということであります。これがために、韓国軍十箇師団を二倍に増強しようとすることは、おそらく二年以上かかるのであります。最も困難なのは幹部の養成であります。それに対し、蔣介石の軍隊を朝鮮または大陸に使用する案につきましては、その将兵の大部分が家族を中国の大陸に残しておりまして、共産党の人質にとられているということを考慮に入れなければなりません。従いまして、最後は日本の保安隊を朝鮮に持って行くということがアイゼンハウアーの切札であると考えるのであります。この点につきまして、われわれは慎重に考える必要があると存ずる次第であります。（中略）

万一、本格的戦争が始まってから米軍が日本を撤退する場合においては、おそらく日本の工業設備をソ連に利用させないように破壊して下るでありましょう。小笠原と沖縄は、その際に日本を爆撃する基地となることも想像されるのであります。従いまして、日本の安全保障をアメリカの信義に依存しようとする考えは、根本的に間違っておるのであります。（中略）

しかるに、今日の日本はどうでありましょうか。平和憲法をたてにとって、あえてこの自衛力をも否定しようとする人がある。現在の憲法は、マッカーサー元帥によって与えられたものであります。それは、平和を愛好する諸国民の公正と信義を前提として、戦争を放棄し、軍備を解いたのであります。しかるに、この日本を守る諸国は、はたして平和を愛好するか。はたして公正であるか。はたして信義があるか。この前提が破れた以上、憲法を墨守して自衛の軍備に反対するとは何ごとか。諸君は、日本は平和を与えられないというのでありますが、平和と自由は与えられるものではなくして、みずからの力で守るべきものであります。国滅びてどこに憲法があり、国滅びてどこにデモクラシーがあるか。（以下略、一九五二年一月二九日、衆議院本会議）

森　「原爆の使用」とか「満州爆撃」とか、彼の頭の中ではまだ戦争が続いているみたいだな。

斎藤　憲法改正論者の決めゼリフのような「国滅びてどこに憲法があり、国滅びてどこにデモクラシーがあるか」なんていっているけど、一体、どこの誰が国を滅ぼしたのか、自分の責任なんかこれっぽっちも感じちゃいないでしょ。

森　「国が滅びる」というエマージェンシー・サインが、頭の中で常に点滅しているのだろうな。政治家じゃなければとても危ない人です。いや政治家だから一層危ないのか。危機管理評論家には適材かもしれないけれど。

斎藤　こういう辻のような人物が、戦後の政財界にいっぱいいたんだよ。俺が日本工業新聞で鉄鋼業界担当の記者をしていた頃も、国際連盟を脱退した松岡洋右《ようすけ》外相の息子だの、本土決戦を主張し続けた阿南惟幾《あなみこれちか》陸相の息子なんていうのが、住友金属や新日鉄に大勢いましたよ。二代目、三代目ばっかりというのは、何も今の自民党だけじゃないんです。この国ではいつだって、ずうっとそうだった。阿南陸相はポツダム宣言が受諾される直前に自刃して果てたそうだから、本人は筋を通していたようだけれどもね。

『告発！ 戦後の特高官僚』（柳河瀬精著、日本機関紙出版センター）という本があるんだけど、これを読むと、戦前の思想警察だった「特別高等警察」（一九一〇年、幸徳秋水が天皇暗殺を計画したとされ検挙された大逆事件を契機に、翌一一年に設置された反体制思想・運動を弾圧した内務省直轄の秘密警察）の官僚が、戦後の日本社会に堂々と復帰しているわけ。せがれに後を継がせている元特高官僚もいる。例えば――

町村金五――元外務大臣・町村信孝の父。金五は、戦前の思想取り締まりを統轄した内務省警保局長を務めた。敗戦時は警視総監。戦後は北海道知事・衆議院議員・参議院議員。

奥野誠亮――奥野信亮・衆議院議員の父。誠亮は、戦中は鹿児島県特高課長なども務め、戦後は自治省（内務省の後身）事務次官。一九八〇年、衆議院議員に初当選、一九八八年、竹下内閣で国土庁長官に就任、「(日中戦争について）あの当時日本にはそういう意図はなかった」と発言、内外の批判を浴び辞任。

特高官僚とは違うけど、「責任」についてメチャクチャな考え方をしている元警察官に取材したことがあります。一九五〇年、北海道北見市の営林署の職員が殺された事件で、北見市警は二年後に地元の青年、梅田義光さんを逮捕。五四年に北見地裁で無期懲役の判決が出て、彼は上訴しますが、五八年に最高裁で刑が確定しました。梅田さんは、獄中からずっと再審請求を重ねて、八六年、ついに再審無罪を勝ち取ったえん罪事件です。

『週刊文春』の記者だった頃、その事件を担当した元警察官たちに話を聞いてまわりました。彼らから返ってきた言葉は、「あれは上が梅田を犯人にしろというから犯人にしただけであって、俺は悪くない」「物的証拠なんか集められるだけの能力があったら、俺は今ごろ警視総監だ」……。

拷問の張本人だった当時の刑事課長は、

「俺に責任なんかない。あんた何も知らねえんだな」

「だって、あなたは課長だったんでしょう?」

「警察組織っていうのは刑事課長の職に責任があるのであって、刑事課長だった俺に責任があるわけじゃねえんだ」

あきれて返す言葉がなかった。そんなことで済むのなら、警察は一般人に対してどんなひどいことでもできてしまう。

それからもう一つ、今度は大蔵官僚からもまったく同じ台詞を聞かされたんです。

昭和天皇在位六〇年記念金貨が発売された時、金そのものの価値より額面のほうが高かった。それで政府は大もうけしたんだけど、その金貨を企画したのが、当時の大蔵省理財局国庫課というところで、作った時の課長は後に〝ミスター円〟と呼ばれることになる榊原英資(財務官などを経て現在は早稲田大学客員教授）だった。だから彼に会いたいと、まずは担当部署の国庫課に申し入れたのさ。最終的には別のルートで会えたんだけど、その時の国庫課長が「私が説明する」といって、榊原さんに会わせてくれないのよ。でも、いくら聞いても何もわからない。当たり前だよね、自分の仕事じゃないんだから。で、こんなやりとりになった。ちょっと忘れられません。

「わからない人に話を聞いてもしょうがないでしょ。榊原さんの責任じゃないんですか？」

「いえ、国庫課長の責任です」

「でも知らない人に責任ないよね？」

「ですから、今の私ではなく、国庫課長というポストに責任があるんです」

「それって、誰にも責任がないってことですか？」

「そういうことになりますかね」

「そんなんだったら、僕でもできますよ。なにも難しい公務員試験に合格しなくてもいいんじゃないですか？」

「はい、斎藤さんなら立派な国庫課長になれると思います」

……だって。役人の頭の中って、本当にわからないなあって思いましたね。

森　うーむ。全部とは思わないけれど、役人にはそのタイプは多いのだろうか。

斎藤　「それが役所のルールです」って言われたもん。そんな身勝手なルールが通用する世界って、いったい何なんですか。

森　第二次世界大戦末期、御前会議で天皇から「海軍にはもう艦がないのか？」と質問された及《お》川《い》古志郎《かわこしろう》軍令部総長は、これを「海軍は何をしているんだ？」との叱責と解釈して、大あわてで豊田副武《そえむ》連合艦隊司令長官にこれを伝え、豊田はその日のうちに、「畏《おそ》れ多き言葉を拝し、恐懼《きょうく》に堪えず。臣副武以下全将兵特死奮戦、誓って聖慮を安んじ奉り、靭強《じんきょう》あくまで天一号作戦の完遂を期すべし」という緊急電文を発令します。こうして世界最大の戦艦である大和は、水上特攻に赴きます。目的も不明だし理由もよくわからない。あえて言えば沈むことが目的です（『戦艦大和』講談社選書メチエ、平間洋一著を参照）。

ナチスのユダヤ人絶滅計画に深く関与していたアドルフ・アイヒマンの法廷の様子を記録したドキュメンタリー映画「スペシャリスト——自覚なき殺戮者」の中で、法廷に登場したアイヒマンは、血も涙もない冷血なナチスの将校という観客の予想を裏切り、しょぼくれた中間管理職のような姿でした。アイヒマンはその法廷で、「上官の命令を実行しただけの自分に責任はない」と何度も弱々しく主張します。責任逃れと糾弾するだけでなく、これが戦争の本質なのだと僕は思う。上司の意向を部下に伝える式の中間管理職が多くなったとき、組織は暴走するんです。

警察官、大蔵官僚、軍司令官、ナチスの官僚……、こういう無責任感覚って、僕も「中間管理職」的な立場だったら身につくんだろうか。

斎藤　身につけられたら、人生ってラクなんでしょうね。まともな人間の神経では三日と保たない気もするけど。

経済界の「戦争観」と「教育観」

森　この対談用に、渥美清の「ああ軍歌」（一九六七〈昭和四二〉年一二月一〇日放送、ＴＶシリーズ「渥美清の泣いてたまるか」）っていうドラマを観たんだけど、渥美扮する主人公の課長が、会社の懇親会で元職業軍人の重役から「軍歌を歌え」と強制されるシーンがあります。しかし彼はじっとうつむいたまま歌わない。それが理由となってその重役に目をつけられ、同僚や部下からも孤立していく主人公の姿は、今の「日の丸・君が代」強制の学校現場を想像させるんだけど、印象的だったのは、その重役や部下たちの「別に今、戦争をやりたくて歌うんじゃないんだよ」「軍隊だっていいところはあったんだ」っていう台詞です。これなんか、今も同じように使われているよね。

斎藤　昭和四二年の放送ということは、当時、「昭和元禄」といわれた頃で、日本も基地提供や兵站の面で米軍に大いに協力したベトナム戦争の真っ最中でした。ベトナム反戦運動が急速に広がり始めて、べ平連（「ベトナムに平和を！　市民連合」の略称。同団体は、一九六五年、アメリカ軍のベトナムに対する軍事介入に反対して結成された市民団体）といった新しい市民運動が生まれていた。その一方で、戦争が終わって二十数年が経ち、戦争に対する忌避感がだいぶ薄くなってきて、戦争にこだわる人間を「考えすぎだ」といって冷笑する雰囲気も生まれつつあった時期でしょう。戦争に対して敏感な人とそうじゃない人がせめぎ合っていて、ああいうドラマが作られたのかもしれない。

戦後の日本は、「戦争なんか二度と起こるはずがない」という根拠のない自信を持つ人が年々増えていった。ドラマの主人公を追いつめていく言葉一つひとつが、警察予備隊から保安隊、自衛隊、防衛費の拡大など、いわゆる「国防論議」の節目節目で「反戦」を口にする人を黙らせてきた決めゼリフだったように思います。

森　一ついいかな。左翼系市民集会的な催しで、「軍靴の音が聞こえてくる」とか「徴兵制が目の前に迫っている」式のスローガンを耳にすることがよくあるよね。申し訳ないけれど僕は、この類のスローガンに対してはリアリティを感じない。あの「鬼畜米英」や「撃ちてしやまん」と同じ時代に、いくらなんでも今の日本が回帰はしないと思っている。ただね、消費経済を享受しながら、美味しいものを食べたり、ハリウッドの最新映画を楽しんだりしながら、戦争はゆっくりと、僕らの足もとで始まっている。これは吉岡忍も言っていることだけど、それが現代の戦争です。気づかぬうちに人を殺し、そして殺されている。

「誰も戦争なんか望んでない」と口にしながら軍歌を歌う上司や同僚たちは、あのひもじくて物資や言論が統制されて国民総動員の戦争をイメージしているのだと思うけれど、今の戦争はそんな形ではやってこない。だからこそ、その「望まない戦争」の実相を、僕らは凝視しなくてはならない。

繰り返すけれど、戦争のきっかけは危機管理です。僕はその大きなターニングポイントとして、口癖のように「阪神・淡路大震災と地下鉄サリン事件があった一九九五年以降の激しい変化」と言っているんだけど、今回の渡辺清の文章を読んだりすると、戦後まもないころからずっとつながって来てるんだなって実感しました。

斎藤　ただ、彼が生きていた頃は「すぐこうなる」という段階でもなかったでしょう？　彼に限らず、昔から反戦平和の人たちはいたんだけど、まさかそんなはずはないよと。ドラマに出てくる主人公の同僚たちみたいな人たちも、もう一度戦争をやりたいとは思っていなかったはずで、ただ、過去の犠牲者に対する想像力が決定的に欠落していた。もし戦争になっても自分は大丈夫なんだと思っているというのが大前提なんでしょうけど。

森　一九六〇年の「安保闘争」が激しかった時は、まさしく「革命前夜」のような雰囲気があったようだね。でもその一方で、当時の後楽園球場（今の東京ドーム）で野球観戦をしていたサラリーマンが、デモについてインタビューされて、「バカバカしいですよ、あんなの。交通は妨害されるし、第一、自分の仕事をおっぽり出して、つまらないじゃないですか。署名だってイミないと思うな。どうせ聞かれっこないのに。政治なんて政治家の赤坂会談できまるんだし」「戦争なんておこりっこないですよ。おこらないに決ってる以上アメリカと結んで、せいぜいもうけた方が得ですね」（「マイクの追った〝激動する十日間〟」杉山美智子、『思想の科学』一九六〇年七月号所収）という声もありました。

自分の利得と「国益」とが何の摩擦もなく一致してしまう感性が、敗戦後たった一五年ですでに増殖していたということなのか、それとももっと根の深い「戦争と経済」の構造的な問題からきているのかはわからないけれど、日本の企業戦士たちの意識が継続して変わっていないことは確かです。このあたりに、敗戦国からあっという間に経済大国になった要因の一つが隠されているように思う。

斎藤　俺はその「高度経済成長」とか「軍事力に頼らない経済大国」の本質を、今、この時代だからこそ、とらえ直す必要があると思っている。結局、日本が「金持ち」になったのは、朝鮮戦争とベトナム戦争のおかげなんですよ。渡辺清の「醒めた眼で」というエッセイがあったでしょ。東京の下町のバス停で聞こえてきた二人の男の会話――「おりゃ、戦争でもおっぱじまればいいと思うよ、そうすりゃこの不景気も吹っとんじゃうだろうからなァ」「ほんとだね、ここらであの朝鮮戦争みてえのがあるとお互い息がつけますなァ」「んだ、あのときゃバカ景気だった、おらんとこなんかも、いくら作っても作るそばから羽根がはえたみてえに売れっぱなしで……」（『私の天皇観』所収、初出『新生』一九七七年八月）。

中小企業なんて、戦争になっても犠牲になるだけで、儲かりはしないっていう言い方もあるんだけど、そんなことないんだよね。この場合は、戦争が起こってほしいのは「自分の国で」じゃない。どこか近場で、それでいて火の粉が飛んでこない適当なところでやってくれて、それで日本からの製品がいっぱい行くような状況が〝いいこと〟なんだよ。

朝鮮戦争（一九五〇〜五三年）における特需景気が高度経済成長の足がかりになった事実は誰でも知ってますよね。で、それが一過性に終わらず、日本をして今日のような世界第二位の経済大国たらしめる実力を身につけさせたのは、ベトナム戦争に他ならなかったんです。

鉄条網だのジャングルシューズだのといった、米軍が直接買い上げてくれる物資が売れたというだけじゃない。「北爆に使われるナパーム弾の九二％はメイド・イン・ジャパンだ」などという報道が世界を駆けめぐったことがありましたが、そういう直接的な特需よりも、あの時は戦争の周辺で工業化が進んだマレーシアやインドネシアをはじめとする東南アジア諸国と、列島のすべてを〝兵站基地〟として最大限の後方支援をした日本への見返りとして市場を思い切り開放してくれたアメリカへの輸出が飛躍的に伸びた。講談社の月刊誌『現代』の二〇〇七年一月号から三月号にかけて、『「戦争経済大国」ニッポン』のタイトルでそのことについて連載したので、よかったら読んでみてください。当時の通産省で輸出振興政策に携わっていた高級官僚が、俺の取材に対して、明確に認めてくれました。「日本の経済成長は、わが省の産業政策とベトナム戦争の賜物であった」と。

戦前の日本の植民地支配や侵略戦争については、少しずついろいろなところで話されるようになったけど、戦後の朝鮮戦争やベトナム戦争の「特需」についてはあまり語られてこなかったんじゃないか。今度こそ本物の平和国家になるためには、われわれは戦後も侵略戦争の片棒を担いできた実態を素直に認めて、常に贖罪意識と直面し続けていかなければならないと思う。

そりゃ、ヨーロッパだってアメリカだって、ひどいことしてきたじゃないかと言われるかもしれない。実際その通りだけど、あちらはあちら。どこまでもひどいまま。せめてわれわれは、日本を人でなしの国のままにしておきたくなければ、自分たちはこうあるべきだと、理想を掲げてもよい時期ではないかと思うんです。

森　当時はベ平連なんかもあって、反戦運動が今よりも全然盛んだったんじゃないの？

斎藤　そうなんだけど、一般の関心はどこまでも「もしかしたら日本も戦争に巻きこまれてしまうかもしれない」「またひどい目に遭わされるのではないか」という被害者意識ばかり。沖縄の基地を出撃した爆撃機が北ベトナムに爆弾の雨を降らせたとか、日本国内のいろんな工場で修理された戦車が南ベトナムで農民たちをふみつぶしているとか、要するに加害の側に身を置いてしまっている現実に対する後ろめたさみたいなものはほとんど共有されていなかったんじゃないか。

興味深いアンケート調査があります。米軍による北爆が激化し、ベトナム戦争のエスカレーションが誰の目にもハッキリしてきた一九六五年の夏に、『朝日新聞』が全国三百二十三地点の有権者名簿から三千人を選んで実施したもの（八月二四日付朝刊に掲載）ですが、問題は回答よりも、質問項目のほうなんですね。
〈ベトナム戦争が、もっと大きくなると、日本もそのまきぞえをくう心配があるという人があります。またそういう心配はないという人があります。あなたは、どちらの意見に賛成ですか〉（傍点引用者）
で、「心配がある」六〇％、「心配はない」が一九％。もちろん気持ちはよくわかりますが、どこまでも被害者としての意識しか持ち合わせていなかったらしい日本国民の社会心理、そんな質問しか用意できない新聞社の捉え方は、今から考えるとどこか不気味でさえあります。
やっぱり、経済的には特需の恩恵を享受したし、したくなくたって、企業に勤めていれば給料をもらうということは享受してしまうことだからね。俺たち子どもの世代だって、幸せに暮らさせてもらったわけだし。

森　軍需産業から波及して国全体の経済が底上げされ、そして高度経済成長に結びついたことは確かだけれど……。

斎藤　いや、軍需産業だけじゃなくって、朝鮮戦争の時には、「金ヘン景気」とか「糸ヘン景気」とか言われたでしょ。金属と繊維。「ガチャ万景気」とも言われたそうで、機械をガチャって動かすと万札が飛ぶというくらい好景気だったという。とりわけベトナム戦争の時に対米輸出が飛躍的に伸びたのは、全部の産業がその恩恵を受けたと言えるんじゃないかな。俺は最近、実はこれこそが「戦後最大のタブー」だったんじゃないかと思えてきてる。

森 なるほど、今さらだけど、やっぱり戦争と経済との関係はとても深い。

斎藤 だから今も、財界の人たちに会うと、そんな話になるんですよ。「経団連は九条二項を取っ払えと言ったからって、戦争したいわけじゃない」と。だけど、本気で戦争を止める気もないんだよね。

財界が軍事力に関心を持つのはもともとからかもしれない。例えば、日向方斎《ひゅうがほうさい》・関西経済連合会会長（当時＝住友金属工業会長）が、一九八〇年に「政府は徴兵制の研究をしておくべき」と発言しています。その頃、財界はイラン・ジャパン石油化学プロジェクトに大きな関心を寄せていました。この、三井物産が中心になったプロジェクトは、イラン革命とそれに続く、イラン・イラク戦争で中止を余儀なくされてしまいました。完成寸前までいったのに白紙に戻ってしまったのは、日本が軍事力を背景にしたブラフ（脅し）をかけられないからだと、財界の人間は受け止めたのね。

もともと、イランとの取り引きは、革命前のパーレビ国王と結んだものだったので、ホメイニ政権になって、国有化されてしまうと思ったんでしょうね。そういう時に、軍事力でもって脅しをかけられる、カントリー・リスク対策としての軍事力に財界は目覚めちゃうわけ。

こういう大プロジェクトは、あの頃までは三井物産みたいな大企業じゃないとできなかったんだけど、バブルがはじけた九〇年代半ばになると、日本の企業は、バブルで上がってしまった人件費コストを削減するため、海外の安い労働力を求めて、工場を移転しはじめるわけです。中小企業もどんどん海外に出ていった。それと「湾岸戦争トラウマ」がからみあって進んでいく。
湾岸戦争の本質は、単に一九九〇年にイラクがクウェートに侵略したのを国際社会が叩いたっていう話じゃないんです。クウェートは独立国だけれども、実は欧米の石油資本の傀儡みたいな存在だった。イラクはそこが一八番目の州だったんだっていう主張をして侵攻した。国際市場秩序の象徴的な地域が攻撃されるなどという事態は、国際市場秩序の上に成り立つ先進各国としては、絶対に許してはならない悪夢なんだよね。なのに、日本は軍隊を出さなかった。「世界第二の経済大国」なんだから、最も国際市場秩序の上に成り立っている国じゃないかと、政治よりも、経済の方面から責められた。

森　でも、その時日本は黙殺したわけじゃない。増税までして一〇〇億ドル以上の金額を供出している。

森暢子・参議院議員（社会党）　政府が出した湾岸平和基金へのお金、これは何回にも出ております。第一回目が平成二年に約九億ドル、それから第二回目も平成二年に十億ドル、それから第三回目が二年度の二次補正で九十億ドル、四回目が平成三年に五億ドル、こういうふうに出ているわけですね。その中で、三回目に拠出した九十億ドル、これの国別の支出済み額、これを明らかにしてください。

佐藤行雄・外務省北米局長　米国が一兆七百九十億円、英国が三百九十億円、サウジアラビアが百九十二億八千万円、エジプトが百四十七億二千万円、シリアが七十六億三千万円、フランスが六十五億円、パキスタンが三十億七千万円、バングラデシュが六億六千万円、モロッコが六億五千万円、セネガルが七億一千万円、ニジェールが五億八千万円、クウェートが六億三千万円でございます。（一九九三年四月一九日・参議院決算委員会）

斎藤　この議事録を読んでも、アメリカに一兆七九〇億円も出して、一体何に使ったかわからない。結局、「一生懸命調べているけれどもわからない」という答弁だもんね。自衛隊を出さなかったから評価されなかったんではなくて、どんぶり勘定みたいな金の出し方がバカにされたんじゃないかと思いたくなる。

森　当時は、自衛隊を海外へ出すことなど、とても考えられなかった。しかし、国際貢献を迫られるそのジレンマの中から自衛隊海外派遣のためのＰＫＯ協力法の論議が始まったんです。

斎藤　そう。しかし実は湾岸戦争の直前、一九九一年一月三日、日産自動車の会長だった石原俊・経済同友会代表幹事（当時）が、〝平和の配当〟を受け取るだけでなく、〝平和の負担〟に応じる立場への転換が必要だとして、憲法や自衛隊法の改正についての議論をすべきだという「年頭見解」を発表しています。で、財界が大騒ぎして、結局、海上自衛隊の掃海部隊がペルシャ湾に派遣されました。

森　つまり戦争の整合化。平和の創出とか、そんな美辞麗句で財界が先導した。

斎藤　それで、二〇〇三年のイラク戦争があって、二〇〇五年一月の、「九条二項」を撤廃し、海外での自衛隊の活動を恒久的に認める経団連の提言「わが国の基本問題を考える―これからの日本を展望して」（二〇〇五年一月一八日）につながっていきます。

【経団連提言・憲法第九条について】現行憲法第九条第一項で規定されている国際平和の希求、侵略戦争の放棄が、わが国の基本理念である「平和」に根ざすものであることは言うまでもない。従って、第一項は引き続き存置されるべきである。

しかし、戦力の不保持を謳う第九条第二項は、明らかに現状から乖離しているとともに、その解釈や種々の特別措置法も含め、わが国が今後果たすべき国際貢献・協力活動を進める上での大きな制約にもなっている。

従って、憲法上、まず、自衛権を行使するための組織として自衛隊の保持を明確にし、自衛隊がわが国の主権、平和、独立を守る任務・役割を果たすとともに、国際社会と協調して国際平和に寄与する活動に貢献・協力できる旨を明示すべきである。

さらに、既に述べた通り、自衛隊の海外派遣の活動内容・範囲について、基本方針を明確にし、場当たり的な特別措置法ではなく、一般法を早急に整備すべきである。

斎藤　高坂節三・経済同友会憲法調査会委員長にインタビューしたとき、彼は、ペルーの人質事件（一九九六年一二月に首都リマの日本大使公邸がトゥパク・アマル革命運動の戦闘員らに占拠され、天皇誕生日を祝うパーティーに出席していた四〇〇人以上を人質として獄中の同志らの解放や経済政策の変更などが要求された事件。翌九七年四月、軍と警察の特殊部隊による強行突入で、占拠グループ一四人は全員殺害、人質一人と兵士二人が死亡した）を例に出して、『最後まで人命第一主義で通そうとした日本政府は、誘拐を奨励するのかと世界中の批判を浴びましたよね。人質を取られたのがアメリカだったら、きっと、ずいぶん手荒いですよ。航空母艦で沖まで行って、飛行機とばすぞ、とやるのではないか。マニラで三井物産の支店長が誘拐されたり、住友商事の支店長が殺されたりという事件も、われわれは経験しました。日本のプレゼンスが高まる、金持ちになるというのは、そういうことでもあるんです。しかし、危ないからといって手を引いてたら商売は続かない。油も売ってくれなくなります』と言ってました。

要するに、アメリカみたいに軍事力で守ってくれっていう話でしょ。自分たちの商売は国益にかなう正義であるから、自衛隊を用心棒にしてよこせ、と。

森　まず最初に指摘しなくてはならないけれど、湾岸戦争時にもペルーの人質事件の際にも、日本の対応が世界中から批判されたと彼らは言っています。ならば聞かなくてはならない。具体的にどこの国のどんな言論機関が批判したのだろう。ワシントンポストですか？　ニューヨーク・タイムズですか？　ガーディアンですか？　ＢＢＣですか？

僕も仕事柄、海外のメディア関係者やジャーナリストに友人は多いけれど、そんな批判めいたことはいっさい聞いたことがない。特に湾岸戦争においては、「血や汗ではなく金を出したことが恥ずかしい」式の言説を口にする人は大勢いたけれど、恥ずかしいなんて思っているのは当人だけじゃないかという気がする。

まあこれは水掛け論になるかもしれなからこれ以上は言わない。でもそもそも、恥ずかしいからとか批判されるからとの理由で姿勢を変えるほうが、よほど恥ずかしいと僕は思うのだけど。

いずれにせよ日本の企業が海外に進出した帰結として、国内の景気はこれ以上ないほどに低迷して、地方都市はガタガタです。地方都市の駅前なんか本当にシャッター通り。財政破綻した北海道夕張市の状況は深刻です。福利厚生の予算が大幅に削られている。このままでは大袈裟じゃなくて人が住めなくなる。アメリカの貧困層の若者たちは、大学進学や就職のために軍に入隊します。格差社会であるアメリカでは、彼らにとって他に選択肢がないんです。だからカラードがとても多い。就職口のない日本の若者たちも、格差の対極である大企業のエリートたちを守るために海外に派兵されるなんてことが、これから現実になるかもしれない。

斎藤　実際、武部勤・自民党幹事長（当時）が、「フリーター」の就業対策について、「一度自衛隊にでも入って（イラク南部の）サマワみたいなところに行って、本当に緊張感を持って地元の皆さん方から感謝されて活動してみると、三カ月ぐらいで瞬く間に変わるのではないかと思う」（『朝日新聞』二〇〇四年一二月一〇日付）と発言してるじゃない。

森　この間、「朝日歌壇」で見つけたんだけど、「徴兵も強《あなが》ち悪とは言い切れず地べたに座る若者見れば」（『朝日新聞』二〇〇六年七月三一日付）という歌が載ってました。電車内とかコンビニの前とかで傍若無人に振る舞う若いヤツらって確かにいるし、眉をひそめるまではいいとしても、軍隊に入れれば矯正されるっていう発想が普通になりつつあるね。渥美清のドラマに出てくる「軍隊だっていいところはあった」という重役は、おそらく、軍隊を一種の教育機関、あるいは矯正施設だと考えているのかもね。

斎藤　あのドラマに出てくる軍歌好きの重役を見ていて、俺は京セラの稲盛和夫名誉会長を思い出した。「長時間の拘束はまったくない。しかし自発的に夜更けまで働くことは、各人の燃える情熱の表現だ」と豪語する彼の愛唱歌は『愛馬進軍歌』っていう歌なんですよ。

♪弾丸の雨ふる濁流を　お前頼りにのり切って
　つとめ果たしたあの時は　泣いて秣《まぐさ》を食わしたぞ

この歌をカラオケボックスで熱唱しながら、部下の顔をのぞき込んでいたと、京セラグループの元社員から聞いたことがあります。

森　社員と「軍馬」を同一視しちゃいけない……。

斎藤　財界の人間が子どもたちをどう見ているかについて具体例を挙げましょうか。一九九〇年代から経団連などの経済団体が教育改革の提言をしているんだけど、取材に行って話を聞くと、事務局の人たちはさかんに「出口管理」という言葉を使うんだよね。別に特殊なことを言っているわけではなくて、欧米の大学は入試は易しいけど、卒業するのはたいへんだ。それに対して、日本の大学は入試は難しいけど、卒業するのは簡単だと昔から言われてたでしょ。それだけを言うためにわざわざ「出口管理」という工場用語を使うわけですよ。この用語の意味は、製品を出荷する時にちゃんと品質検査をするってことです。

福井県の山本雅俊副知事が、二〇〇四年一〇月一五日に福井市で開かれた「東海北陸ブロックPTA研究大会福井大会」の来賓挨拶で、「東海北陸の（児童）生徒数は一二〇万人で、そのうちの一万四〇〇〇人の不登校児は不良品だ」って言ったんですよ。この副知事は元デュポン社日本法人社長だった人で、釈明の記者会見でも、「長いこと経済界にいた私のバックグラウンドを踏まえて（発言したが）、例え方が悪かった」と言い訳しています（二〇〇四年一一月八日、共同通信）。

また、二一世紀大学経営協会というのがあって、主だった私立大学と国公立大学の一部が入っています（二〇〇六年二月現在、五六校）。この総会で高橋宏という、石原慎太郎・東京都知事の大学時代の同窓生で、東京都立大学改め首都大学東京の理事長（元日本郵船副社長）をやっている人が会合であいさつしているんだけど、「大学の役割は民間の会社と同じだ」「原材料を仕入れ、加工して製品に仕上げ、卒業証書という保証書をつけ企業へ出す。これが産学連携だ」と発言しています（『毎日新聞』特集「格差の現場から」二〇〇六年一月一一日付）。原材料は学生のことね。このあいさつは同協会のホームページで、動画で見ることができます。

最近は、教育改革の一環として、現役のビジネスマンが教育現場に入っていくケースが増えてきていますけど、子どもを工業製品に例える感覚というのは、先の二人が特別なんじゃなくて、ビジネスの世界では「常識」なのでしょう。だから、ホラ、二〇〇七年の一月末、少子化対策を担当している柳澤伯夫・厚生労働相が、松江市での講演で、「女性は子どもを産む機械」と発言して、ちょっとした騒ぎになりましたよね。だけど今さら驚くことでもない。女性が〝産む機械〟なら、生まれてきた子どもは工業製品です。彼らはどこまでも、他人様の子どもを道具、戦力としてしかみていないんですよ。

「思考停止装置」——日の丸・君が代・教育塔

斎藤　財界がいくら自衛隊に用心棒になってくれといっても、それだけで命を投げ出す人間はそうはいません。やっぱり「大義」が必要だし、「大義」に疑問を持たない日本人を大量に育てる必要が出てきます。だから、「戦後民主主義教育」が財界や自民党の文教族から目の敵にされるんですね。

小渕恵三首相が二〇〇〇年につくって、自民党文教族のドンの森喜朗首相が後を受け継いだ「教育改革国民会議」（座長＝江崎玲《れ》於《お》奈《な》・芝浦工業大学学長）って覚えているでしょ。その第一分科会は「人間性」を議論するところで、委員は劇団四季代表の浅利慶太、「プロ教師の会」の河上亮一、作家の曾野綾子、陶芸家の沈壽官《ちんじゅかん》、柔道の山下泰裕などで、具体策として、例えば、「子どもを厳しく〈飼い馴らす〉必要があることを国民にアピールして覚悟してもらう」「〈ここで時代が変わった〉〈変わらないと日本が滅びる〉というようなことをアナウンスし、ショック療法を行う」「教育基本法の改正を提起し、従来の惰性的気風を打ち破るための社会的ショック療法とする」などが提示されています。

ほかにも、「他の子どもの学習する権利を妨げる子どもを排除する権限と義務を学校に付与する」「警察ＯＢを学校に常駐させる」などの提案が目につきました（教育改革国民会議第一分科会配付資料「一人一人が取り組む人間性教育の具体策」二〇〇〇年七月七日、「首相官邸」ＨＰより）。

森　子どもを「飼い馴らす」という言葉は凄まじいね。

斎藤　何度も書いてますけど、ノーベル賞を受賞した座長の江崎氏は俺の取材に対して、「それぞれの子どもの遺伝情報に見合った教育になっていく」と言ったんですよ。

森　優生思想に基づいて障害者を虐殺したナチスですら、当時もしインターネットがあったとしたら、こんな露骨なフレーズは書かなかったと思うよ。だって国民が読むのだから。良い悪いはともかくとして、何で胸に秘めておかないのか不思議になる。言葉の使い方があまりに粗雑です。「遺伝情報」で選別して「飼い慣らす」。たとえ優生思想を信奉する人でもここまで露骨な語彙は使わないだろうな。言葉に対する緊張感がどんどん希薄になっている。言い換えれば、世相が言葉に引きずりまわされている。

斎藤　支配欲にこり固まった連中っていうのは古今東西、どこまでも変わんないんだね。「教育改革国民会議」で笑っちゃったのは、幼児から高校生対象の「しつけ三原則」——「甘えるな」「他人に迷惑をかけるな」「生かされて生きることを自覚せよ」というのがあって、これなんか、お前ら爺さんや親父の七光りだけで世間を渡ってきた世襲議員の「しつけ」にぴったりじゃんかと思ったけど。「団地、マンション等に『床の間』を作る」という、よくわからないのもありました。

こういう国家に従順な人間をつくるために、学校現場にはさまざまなプレッシャーがかけられてきましたが、一番わかりやすいのは「日の丸・君が代」が入っていく過程です。

森 その論議に入る前に、一般家庭ではどういう状況だったかということで、敗戦五年後に実施された、「日の丸」についての世論調査を実施した『朝日新聞』の記事をチェックしてみます（一九五〇年二月一五・一六日実施、全国の有権者三五〇〇人、記事は一九五〇年二月二七日付）。

「お宅では日の丸の国旗をお持ちですか」
持っている　七三％
持っていない　二七％
「お宅では祝祭日に日の丸の旗をお出しになりますか」（持っている人だけに聞いた）
出す　三〇％
出す時もあり出さない時もある　二七％
出さぬ　四三％

森 「持っていない」のほとんどは戦災で焼けてしまったと答えている人なんですが、中には、

「流用した」というのがあって、「染め直して子どものシャツにした」、風呂敷、枕カバー、米袋にした等々。面白いのには、日の丸の赤い所を使って、子どもの運動会用の鉢巻きを作った、というのもありました。紅組だったんだね。

斎藤　物がない時代だったから。

森　出さない理由については、「近所で出さないから自分だけ出すのがなんとなくおかしいし、また面倒でもある」という解答が四四%でいちばん多い。

斎藤　半世紀前も今も、日本人の主体性のなさは変わらずということですね。

森　山本七平言うところの「空気」ですね。出さない理由を具体的に書いてきた人もいました。以下にいくつか引用します。

ある公務員は「国旗を出すと世間から軍国主義者のように思われるから出さない」といっているのは特殊な例としても「講和条約が締結されるまでは独立国でないから出さぬ」「敗戦後国旗など魅力がなくなった」「息子が抑留から解放されるまでは国旗をみるのもいやで……」という老夫婦、このほか「だれも国旗を出せといってこないし、出さなくともだれからも文句が来ないから」というものなどもある。

斎藤　最後の理由なんかは、今の日本人とほとんど変わらない意識だと思う。将来、「国旗掲揚の義務」が法律で定められて、町内会費で日の丸を購入して各世帯に配布したら、周囲の目を気にして一斉に揚げはじめるんじゃないかな。学校の「国旗掲揚」は一〇〇％になったし、次は地域・家庭がターゲットにされます。

実際、たとえば鹿児島県では、地域の目標として祝日の国旗掲揚の推進を掲げ、具体的には国旗掲揚一〇〇メートル道路を設けようという回覧板が回ってきた校区もあります。この挨拶文の最後のところを読んでみますね。〈社会不安の煽りを被らないように「子供達の見守り」の実施とまた努力目標を一つでも実践していく手段として集落毎に祝祭日「国旗掲揚一〇〇ｍ道路」を設けることにも取り組んでみることにしました。一層の郷土愛がかん養されればと願っています〉。推進メンバーには自治会長をはじめ市議や小中学校の校長、ＰＴＡ会長、商工クラブ代表、民生委員、農協の役員から、共産党の元町議まで入っているそうです。

しかも、二〇〇七年の元旦付で日本経団連が発表した将来ビジョン「希望の国、日本」は、企業や官公庁に日常的に日の丸を掲げたり、君が代を斉唱することを求めるに至りました。職場でここまでやられたら、それでも抵抗できる人はごくごく限られてくるでしょうね。

森　とにかく平均値を気にする国民性だから。渡辺清が「日の丸・君が代」の復活について書いていた一九七七～七八年当時、僕は大学生だったけれど、見事に何も考えてもいなかった。新聞も読まず、テレビをたまに見て、選挙にも行かない。多少自己弁護すると、世代的に政治の季節に取り残されてしまったということがあるけれど、でも言い訳にもならないですね。

文部省が、新学習指導要領を発表し、その中に「君が代」を「国歌」として次のように規定した。特別活動における指導計画の取り扱いは、「国民の祝日などにおいて儀式などを行う場合には、児童に対してこれらの祝日などの意義を理解させるとともに、国旗を掲揚し、国歌を斉唱させることが望ましい。」また音楽の指導計画の取り扱いは「国歌『君が代』は各学年を通じ児童の発達段階に即して指導するものとする」としている。

新聞で、文部省の諸沢初中局長は、これまでただ「君が代」としていたのを、「国歌・君が代」と明示したことについて、「かなりの反対のあったことは認める」としたうえで、「文部省が『君が代』を『国歌』として規定したのではなく、『君が代』が『国歌』として広く定着したことを指導要領で確認しただけ」といっているが、冗談ではない。「君が代」の故事来歴にはいっさいふれずに巧妙に大衆操作をしてきながら、いまになって「定着したのを確認しただけ」とすっとぼける。（中略）

君が代を支持している連中は三十代以上に多いというが、そういう連中のおおかたは戦争中、どこかで風をよけて結構いい思いをしていたのではないのか？　当たらずとも遠からず、おそらくそうにちがいない。

戦争で辛酸をなめた人、君が代と日の丸のもとで、どれだけ多くの血が流れていったかを身をもって体験した人たちは、いまもたいてい、君が代、日の丸にたいして生理的な嫌悪感をもっているからだ。
　ぼくも復員してから「君が代」だけは一度も口にしたことはない。むろん、これからもだが……。（『私の天皇観』所収「天皇に関する日録」一九七七年七月二四日の項）

斎藤　学校に「日の丸・君が代」が復活してくるのは、一九五〇年代末の学習指導要領の改訂からだったんですよ（小・中学校については一九五八年版、高校は一九六〇年版）。「学校行事等」の「儀式」について、「儀式を行う場合には、それぞれの儀式の趣旨に添うように配慮することが必要である。なお国民の祝日などにおいて儀式などを行う場合には、生徒に対してこれらの祝日などの意義を理解させるとともに、国旗を掲揚し、君が代をせい唱させることが望ましい」となりました。
　当時の内藤誉三郎・文部省初等中等教育局長は、「『君が代』その他の国民的な愛唱歌が共通にうたわれるよう改善くふうをこらした」（『文部時報』一九五八年九月号）と言っている。

森　「国民的な愛唱歌」ね。国民的は確かだけど愛唱歌かな。僕なんか高校くらいまで、「さざれ石」を「さざえ石」だと何となく思いこんでいて、石にさざえがくっついている磯の情景を歌いながらイメージしていました。

斎藤　次に大きな変化が見られるのは、さっきの渡辺清の日記に出てくる、「君が代」を「国歌」と読みかえられた改訂です（小・中学校は七七年版、高校は七八年版指導要領）。そして、最終の仕上げが八九年版学習指導要領で「入学式や卒業式などにおいては、その意義を踏まえ、国旗を掲揚するとともに、国歌を斉唱するよう指導するものとする」となりました。「国民の祝日などにおいて儀式など」が「入学式や卒業式など」、「望ましい」から「指導するものとする」と置き換えられました。

森　さざえ石の話は？　スルーされるとバカみたいだ。まあ流されなくてもバカか。

斎藤　いや、あの、その……。それほど面白いギャグだとも思えないんだけど。俺の場合はラストの「コケのむすまで」で、なんだか岩のりみたいなイメージを抱いて、桃屋の「♪何はなくとも江戸むらさき」のテレビCMを連想してた。それって面白い？

まあさ、歌はどこまでも歌だから。カラオケで奥村チヨの「恋の奴隷」を歌った女性がみんな相手の男のヒザにからみついて子犬のようになってくれる必要もないわけで。

森　えーと、話を戻します。朝日新聞における世論調査から約半世紀が経った一九九九年八月に「国旗・国歌法」が成立します。案の定というか臆面もなくというか、斎藤さんが言った「次は地域・家庭へ」という動きがすぐに出てきます。例えば、「国旗・国歌法」が成立した翌月、千葉県旭市の自民党市議が、自民党旭支部の全党員（六三〇世帯）に「日の丸セット」を無料配布しました。そして、配布してすぐの祝日の日、ちゃんと掲揚されているかどうか、車を出してチェックしてまわったそうです（『朝日新聞』一九九九年一〇月一九日付）。

この新聞記事には、法制化直前の六月、旭市議会で自民党所属の市議が、「法制化されたら、祝祭日には市民に国旗の掲揚を奨励する考えがあるか」「反対の人がいるということは日本人として恥ずかしくないでしょうか」と質問して、市長は「(掲揚の)号令をかけるつもりはない」が、「旭市に行けば祝祭日にはどこの家にも国旗が立っているということであれば、やはり法制化の意味があるのだろうと思う」と答えたとあります。この市議は記者に「この辺りに日の丸に反対の人はいない。となり近所が旗を掲げれば、自分だけ掲げないのは恥ずかしいと思うのが日本民族。最初は党員六百三十世帯でも、いつか日本国中に広がってほしい」と語っています。

斎藤　こういう動きはあまり報道されないし、都市部ではあまり見かけないけど、保守的な地域だとそもそもの議論の以前に、「(日の丸掲揚は)あたりまえ」で済まされてしまう所が結構あるんじゃないかな。「日の丸・君が代」が教育現場に復活していく過程は少し話しましたけど、「教育塔」の存在はあまり知られていないので、これにもちょっと触れておきますね。

この塔は大阪城公園の隅に建てられているんだけど、教育勅語を読んでいる校長先生のレリーフが掲げられています。この塔は、日中全面戦争が始まる前年の一九三六(昭和一一)年に帝国教育会、産業報国会みたいな教師の職能団体によって建てられ、植民地として支配していた台湾で皇民化教育に従事していて亡くなった教師とか、学校の火事で「御真影」を守るために亡くなった教師たちが祀られています。で、戦後もずうっと毎年、一〇月三〇日の教育勅語発布記念日に教育祭をやってるんです。

森　過去形ではなくて、今もやってるってこと?

斎藤　そう。戦後は日本教職員組合が引き継いで、一〇月三〇日に教育祭を催して、来賓には内閣総理大臣とか文部科学大臣の代理が招待されるわけ。で、日教組の委員長が来てあいさつするの。

現在も、全国の日教組傘下の組合から推薦があれば、その教育塔に合祀するんだけど、ほとんど知られていないし、一部の地方の組合だけが推薦しているという、妙な状態になっている。

森　今どきそういう死に方をする教師とかっているのかな。

斎藤　いや、今はさすがに、戦前戦中の当時とは祀る意味合いがそれなりに変えられてはいます。阪神・淡路大震災の被害に遭った先生とか、ピアノの下敷きになった児童とか、必ずしも学校とは関係のない場所で亡くなった場合も含めて、これこれこういう死に方をした人だけが対象だというのはなくなっている。遺族の了解と組合の推薦さえあれば祀られるんですね。

俺は二〇〇五年の教育祭に参加してみました。あらかじめ取材を申し込む余裕がなくて、アポなしで訪ねてみたら、〝顔パス〟で入れてもらえたんです。政府が進める教育改革をそのままにしていたら階層間格差が教育によっても拡大されてしまうぞなどとさんざん書いてきたもので、日教組の立場に近い物書きだと見られてもいたらしい。「ファンです」と握手を求めてきてくれた組合員の方もいました。

でも、大阪城公園の現場で実際に目にした光景は、俺の書いてきたものはもちろん、日頃の日教組の主張ともまるで異なるものでした。そもそもの日取りや塔のレリーフだけでなく、ほとんど〝靖国神社〟です。内閣総理大臣、全国知事会長、全国都道府県教育委員会連合会長などの代理が次々に、「尊い命を職務のために捧げられた」「御霊《みたま》のご冥福をお祈りし」などといった表現とともに献花を繰り返していくんですよ。

　地元の子どもたちも合唱や演奏に動員されていた。それでも一部の批判に配慮した結果で、少し前までは「合祀」とか「奉納音楽」などという神道音楽がそのまま使われていたということです。日教組って、いったい何なの？　って、頭がグラグラしたね。

森　……教育版靖国神社。それにしても代々の日教組委員長が「参拝」していたとは、確かにちょっと驚きです。

斎藤　その日の教育祭では、過労で亡くなった教員の同僚が、こんな追悼の言葉を読み上げていました。実名の部分はイニシャルにしておきます。

　K・K先生。あなたと関わったすべての仲間を代表し、みんなの思いを述べます。聞いてください。二八歳というあまりにも若すぎる死は、私たちに大きな悲しみとともに、疑問と憤りを残しました。

　六月九日、学校は午後から家庭訪問の準備で慌ただしく、K先生の体調はすでに限界だったのでしょう。その日、職員室でも元気がなく、教室に行く途中の階段でうずくまっているようすを見て、私たちは、「病院に行ったら？」としか声をかけられませんでした。……次の

日、K先生は亡くなってしまいました。(中略)

休みがない、といつもK先生は言っていました。職場の仲間や組合の仲間を見ても、休むことができないのは一緒です。これがK先生の生命を奪っていった一番の原因だと考えます。それは私たちの職場に当たり前にある現状なのです。この状況は異常です。K先生を追悼するに当たって、私たちは決意します。休めない職場を当たり前にしないこと、命を削るほど多忙な教育現場を正し、仲間を、自分自身を大切にすること、ゆとりある豊かな教育を実現することが、共に大切にしてきた子どもたちの将来を見据え、K先生の遺志を尊重した私たちの生き方だと考えています。

斎藤　素直に聞く限り、K・K先生は、目下の教育改革の被害者以外の何物でもないじゃありませんか。追悼の言葉を読んだ同僚の方々は、総理の代理をはじめお歴々の並ぶ教育祭で、せめて抗議の意を尽くそうとされたのでしょう。

けれども現実に、一人の教師が過労死したなどということでは、お歴々の側はこれっぽちも心を動かされたりしやしません。この間も教育改革の差別性や矛盾はますます拡大し、二〇〇六年の暮れには教育基本法の〝改正〟まで強行されてしまった。K・K先生の死も、ただ単に〝尊い犠牲〟として扱われ、むしろ前向きな、残された者を鼓舞する材料にされていく。教育祭とは、そのような機能を帯びているんです。

森　慰霊と顕彰。まさに「靖国の論理」だね。「英霊」として顕彰することで、遺族の悲しみや悔しさ、怒りなどを、崇高な使命などの言葉に回収し、被害者が犠牲者へと文字変換されてしまう。遺族は主催者＝国家に感謝し、国家はその責任を免れるという「無責任の連鎖反応」が靖国神社だけでなく、教育の場でもあったということです。

他人を見下す人間の心性

斎藤　ちょっと話が変わりますが、一昨年（二〇〇五年）、「昭和三〇年代」を懐かしむ「ALWAYS 三丁目の夕日」という映画がヒットしたけど、あれは、日々の現実が辛すぎて、「昔は人も、街もあたたかかった」みたいな、「記憶の美化」に現実逃避したい人が観に行ったんじゃないかと思いました。俺の場合は最近、小柳ルミ子のことをすごく思い出すのね。

小学校の高学年から中学生くらいの頃、すごく好きで、「私の城下町」から始まって、「京のにわか雨」「瀬戸の花嫁」「漁火恋唄」とかヒットを出していて、当時から言われていたんだけど、なんか歌っていて辛そうだった。本人は宝塚歌劇団の出身で、活発な歌や踊りをやりたいのに、伝統回帰というか、日本的な抒情歌を歌わせられていた。だから、ときどきポップス調の曲を歌うといろいろ批判されたりしてたんだよね。

どうして、小柳ルミ子がそういう役回りを演じさせられたのかと、当時の時代状況を考えてみると、ベトナム戦争とか、オイルショックとか、当時の世情というのは今の状況とちょっと似ていて、「古き良きニッポン」が恋しくなった時期なんだと思うんです。俺自身、そういう小柳ルミ子の歌を聴いて、現実逃避していたところがあるもん。人一倍、ベトナム戦争のことなんか考えないで、ありもしない「古き良きニッポン」が大好きだった。

森　「瀬戸の花嫁」は何年くらい？

斎藤　一九七二年。

森　ベトナムからアメリカ軍が撤退しつつある頃だね……。

斎藤　同じ頃、南沙織も流行ったでしょ。あの人は沖縄出身で、沖縄のイメージアップみたいなとこがあって……。最近で言うと、NHKの朝の連ドラ「ちゅらさん」とかと通じる気がするんだよね。

森　じゃあ今の芸能を俯瞰したら、何が見えてくる？

斎藤　今はもう芸能じゃ収まらなくて、日の丸・君が代であり、靖国神社になってんじゃないの。あの程度のディスカバー・ジャパンじゃ、ダメで。

森　スポーツだと、今で言うとサッカーかな。サッカーって、国威を発揚させるポテンシャルが異常に突出しているでしょう。

斎藤　やっぱり、流行ってくるにはそれなりの理由があると思うよ。サッカーは労働者階級のスポーツだから、格差社会になってくると流行りやすいってところがあるかもしれない。

森　でも日本や欧米の場合、特にブルーカラーの子どもたちがサッカーをやってるわけじゃないですよ。

斎藤　ワールドカップという舞台があって、オリンピックみたいな意味合いを持ちつつ、「平和の祭典」みたいな建て前は持たないから、疑似戦争になるんでしょ。

森　確かにスポーツは擬似戦争的な側面はあるけれど、でもね、サッカーが民族主義を高揚させる式の短絡したレトリックは避けたい。昨年、日本代表の監督に就任したイビツァ・オシムは、ジェフユナイテッド市原・千葉の監督時代、こんな言葉を残しています。「新聞記者は戦争を始めることができる。意図を持てば世の中を危険な方向に導けるのだから」。

サラエボ生まれのオシムは、ユーゴが内戦状態になった一九九二年の時期にユーゴ代表の監督を務めています。そのチームは当然ながら、クロアチアやモンテネグロ、セルビアなど多種多様な民族で構成されていた。祖国では自分たちの同胞が、高揚する民族主義の旗の下で、殺戮と報復とを互いに繰り返している。でもチームは一丸にならなければならない。それぞれの民族を支持するメディアは、オシムの采配を批判し、政治家たちもその影響力を利用しようとしている。そんな修羅場を乗り越えてきた男です。だからこそ、引用したさっきのコメントには重みがあります。サッカーという競技がナショナリズムと特に相性がいいわけじゃない。

ＷＢＣ（ワールド・ベースボール・クラシック）の時のイチローが、「アジアラウンド（一次リーグ）では向こう三〇年、日本に勝てないと思わせるぐらいやっつけたい。ファンのみなさんは、いくらでも期待してください」とか、韓国に連敗して、「僕の野球人生の中で最も屈辱的な日」「日本が三回も同じ相手に負けることは決して許されない」とのニュアンスを、取りようによってはかなり民族蔑視的に発言していたよね。

斎藤　そこで俺たちは違和感を抱くわけだけど、逆にあれでイチローの人気はずいぶん上がったんだよ。つまり、クールで個人主義を貫くキャラクターだったイチローが、ここまで言った。実は〝愛国者〟だったんだ、と。そこは似たようなポジションだったサッカーの中田英寿と、決定的にちがう。

森　確かにイチローのその発言に対しては、批判よりもむしろ賞賛が多かったような気がする。

斎藤　そう。このイチローの発言に対して、作家の星野智幸が『東京新聞』に「差別はなかったか」という文章を寄稿しました。彼は日本のメディアが問題視しなかったことと考え合わせて、次のように書いています。

　多くの日本人の中には同じような差別意識が潜んでいるがゆえに、誰も疑問に思わないのではないか。（中略）こじれる一方である首相の靖国参拝問題などによって、日本人の間には韓国を疎ましく思う気持ちが強まっており、WBCでのイチロー選手の発言はその傾向にみごとに合致した、ということではないだろうか。（中略）私には、世論が架空の敵を作っているようにしか見えない。靖国神社自体のことは本当は重要ではなく、韓国や中国がうるさく言うからあえて参拝してやれ、という一種の嫌がらせのような空気すら感じるのである。そこには、他人を貶《おとし》めることで自我を強固にしたいという、攻撃欲が含まれてはいないか。

（二〇〇六年四月三日付夕刊）

森　まったくその通りだと思う。イチローの発言についても、彼個人の思想や感性を云々するのではなく、これを摩擦なく賞賛する今のこの世相について考えることが重要です。

斎藤　これにはさらに続きがあって、星野氏の文章に対する「反響特集」の記事が組まれているんですよ（二〇〇六年四月　九日）。記事を掲載して、一〇日間で、反対意見が一七件、賛成意見が一三件あって、「ナショナリズムなら韓国の方がひどい」「韓国が好きなら韓国へ行け」「売国奴」といった投書があったそうです。

森　やっぱり日本人には、朝鮮に対する蔑視感情が根底にあるのかな。ムキになる傾向が明らかに強いよね。

斎藤　『嫌日流』（ヤン・ビョンソル著、有学書林）っていう本、読んだことある？

森　『嫌韓流』（山野車輪著、晋遊舎）じゃなくて？

斎藤　韓国の漫画家が描いて、日本の出版社が発行したんだけど、日本人の醜さをこれでもかというくらい描いてある。それは確かに、『嫌韓流』がなくて、こちらを先に出されていたとしたら、それはまあ、頭に来るよね。

森　『嫌韓流』のほうが先だからね。歴史を繙《ひもと》けば、どちらかといえば日本から先に手を出すパターンが多いような気がします。つまり危機管理意識が高揚しやすい国なんですね。その記憶があるから、アジアは日本を恐れます。恐れられるこちらにしてみれば、今さら侵略などするはずがないのに「何で？」という気分になるのだけど、でもかつても侵略という意識はないままに、自衛や解放を御旗に結果的にはアジアの人たちを殺戮したわけです。表層的には今のアメリカととても近い。でもその自覚はない。

斎藤　『嫌韓流』はひたすら朝鮮人をバカにするだけのマンガです。たとえば朝鮮人がやたらと感情的になっているシーンを連発したあげくにせせら笑って、朝鮮人には「火病《ファビョン》」という特有の病気があるという。彼らがやたら怒りっぽいのは〝文化的背景に起因する精神疾患症候群〟なんだとさ。一方の日本人はものすごく美形で、「ハァ?」「ホホォ」とかいって侮蔑的な態度をとるの。これが俺には耐えられない。ケンカするならするで、どうして正面切って、まともにケンカしないのか。そういう高みに立ちたがる態度はものすごく怖いし、どうしても許せない。

俺、この間、ついに『諸君！』（二〇〇六年八月号）で叩かれたんだけど。何が一番腹が立ったかというと、俺が書いてきたものに対して、ストレートに反論してこないわけ。そもそもほとんど読んでもいないし、取材なんかまるっきりしてないことも言うまでもない。何の根拠もなく高みに立って、「こいつ、どうにもならないことに向かって、なんか騒いでるぜ、バーカ、アーカ、サーヨクー、へへへー」っていう感じ。

森　僕もよくネットで「サヨ」とか叩かれるけれど、高みに立つという雰囲気は何となく共通しているような気がする。

斎藤　自分が主流派で、政治的多数派に属するというか、世論をバックにしているというか、そういう自覚のある人って、異論を唱える人に対して、ものすごい侮蔑的な態度を取りたがる。作家の辺見庸が言う「冷笑主義《シニシズム》」というやつね。もっとも逆に、学生運動華やかなりし頃だったら、保守的な主張をすればおもいきり冷笑されたんだと思うけど。

森　じゃあ、「朝鮮民主主義人民共和国との国交正常化」なんて主張するのは一対九くらいの割合だろうか。

斎藤　「一」に属する人の主張はすべて「サヨク的」のひと言で片づけられちゃうよね。『諸君！』も「二項対立的に盛り上がっているサヨク業界のスターの一人」って、俺のことを紹介してくれてるんだけど、タイトルからしていきなり「サヨクの最後の砦」。どっちが二項対立なんだか。

森　でも『諸君！』にデビューしてよかったね（笑）。

斎藤　よかないよ。俺が悲しかったのは、「あの文藝春秋までがこうなっちゃったのか」という思い。まあ従来もそれなりに感じてはいたけど、「2ちゃんねる」を雑誌にするとはね。俺は『週刊文春』の記者を延べ六年ほどもしてたんです。目下の状況での立場は違っても、自分の中では当時と変わらず、「事実を淡々と積み上げる文春ジャーナリズム」というのを理想としていたつもりだったから。俺自身は、それだけだと読者にわかってもらえないばかりか誤解されてしまうこともある現実を恐れて、主張すべきははっきり主張するようになってしまって、その文春の王道からは外れてしまったけど。だけど実際、俺が悲しかったのはそんな理屈より何よりも、あの、若かった時代をともに泣いたり笑ったりして過ごした会社の人たちがこんな「2ちゃんねる」みたいな雑誌を作るようになっちゃったんだなあってこと。

以前にやっぱり『諸君!』で森さんが叩かれた時(「特集/言論界の〝善男善女〟〈「思考停止」しているのは世界ではなくあなたの方だ〉二〇〇五年三月号)、「なんで斎藤さんは狙われないんだよ」ってあなたが言って、こう返したことがあったよね。「だって彼らは俺のことを知ってるんだもん。こんなにわかりやすくバカにできる相手じゃないってことを最初から知ってれば、恥ずかしくて書けやしないよ。知りもしない人について取材もしないで書く以外には、こんなやり方ができるはずがないよ」って。

でもまあ、もうどうでもいいや。この話はもうやめよう。

森　じゃあ話を戻します。確かに今は保守派に顕著だけど、異論を唱える他者に対するこの冷酷な視線について、もう少し考えてみたいんだ。何に由来するのだろう?

斎藤　それはやっぱり、「大国の奢り」でしょうね。正確にはアメリカとくっついて、トラの威を借りるキツネの恥知らず。歴史的に見て、植民地を持っていた国というのはみんなそれなりにひどいことをしていたわけで、日本だけは世界一の悪者だなんて絶対的に恥じ入ることはないとも思うけど、せめてわずかなりともそこに呻吟とか、思索とかがほしい。

森　曖昧さを引きずらないからじゃないかな。だから逡巡とか、後ろめたさが消えてしまう。

斎藤　そうしたものが全くない。サッカーのワールドカップでも、最初から「決勝トーナメント進出確実」みたいな感じで、メディアもファンも世界中を我が物顔で振る舞うでしょう。端から見たらものすごくみっともないと思うんだけど。

森　ある意味で無邪気で屈託がない。でもアメリカにも通じるけれど、この無邪気さが時には大きな加害性を孕む。

斎藤　無邪気さは傲慢とつながる。もっと言えば、バカ。小泉、安倍両政権を通じて首相のブレーンと言われてきた外交評論家の岡崎久彦という人がいるんだけど、この人は元駐タイ大使で、有志で結成されている『21世紀の日本と憲法』有識者懇談会」（通称・民間憲法臨調）の代表世話人でもあります。彼が書いた『国家戦略からみた靖国問題』（ＰＨＰ新書）に、こんな描写が出てくる。

何年か前、ある国際会議で教科書問題が話題となったとき、私は最近の教科書のなかに反米的な内容のものもあると指摘したが、私が驚いたのはその米側の反応だった。

「アメリカの悪口など、世界中で年がら年中言われているから、気になんかしないよ」

それも一人だけの反応でなく、米側の全員がカラカラと笑って同意していた。さすが米国民は大国民だ、日本はかなわないと感じたのはその時だった。

斎藤　これって「人でなし」だよ。なんで悪口を言われているのかという自省が欠片《かけら》もない。大国意識丸出しでしょ。

森　アメリカもそうだけど、岡崎久彦も何でここで「かなわない」になるのかな。「だからあなたたちはダメなんだ」って怒るべきです。もしアメリカではなく中国だったとしたら、おそらくまったく違う反応になるのだろうな。

反戦デモは「私的な迷惑行為」、首相の靖国神社参拝は「個人の自由」

斎藤　渥美清のドラマが放送された頃は、主人公のような戦中派が会社勤めのサラリーマンにもいっぱいいて、「まだこだわってるか」みたいに笑われるくらいで済んでいたんでしょう。それが三〇年経つとどうなったか。これは俺が体験した話なんだけど、一九九九年春、住基ネット（＝住民基本台帳ネットワーク、これを稼働させる法律「改正住民基本台帳法」が、当時の小渕恵三内閣から提出された。住基ネットとは、国民に一一ケタの番号を付け、住所・氏名・生年月日などの個人情報を全国の自治体のコンピューターで結んで一元管理するシステム）反対のデモに参加したときのことです。

休日の、東京・渋谷の道玄坂で、家族連れがいっぱいいいました。シュプレヒコールを繰り返しながら、歩いていると、歩道から俺たちを指さして会話する親子連れの姿が目に入ったのね。で、その近くにいた実行委員に後で聞いたら、こんな会話をしていたそうです。

「パパ、あの人たち、何やってるの？」

「ああ、あれはね、世の中が便利になることに反対している、変な人たちなんだよ」

聞かなければよかったと、本当に後悔したね。ついでだから、同じようなケースをもう一つ。これは二〇〇三年一二月、自衛隊イラク派兵反対のデモに参加した編集者と関係者から聞いた話です。

クリスマス前の、家族連れでにぎわう銀座の通りを、デモ隊は日比谷公園に向かって歩いていました。だんだん飛び入りが増えて七〇〇人くらいになっていたので、行列が長くなっていた。そしたら、デモ隊に遮られて思うように歩けないでいら立ったサラリーマンが、デモ隊に、

「迷惑なんだよう！」

と吐き捨てた。言われたデモ隊の中の一人が、

「恥を知れ！」

と怒鳴り返したら、機動隊員らしき一人の警察官が突進してきて、

「検挙！」

と叫んで、デモ隊の声の主の胸ぐらにつかみかかった。

いくらなんでも、これだけで逮捕はない。デモの実行委員や他の警察官が駆け寄り、その場はなんとか収まったそうなんですよ。

森　「恥を知れ」で検挙か。何だか戦中の映画のワンシーンのようだね。任務ではなく、崇高な使

命感に突き動かされたというところかな。しかし渡辺清も、「戦争反対」を主張することがこれほどに弱小勢力になるような時代が来るとは想像できなかっただろうね。

斎藤　ある大学の学生自治会の面々が逮捕されました。拘留中、彼を取り調べた公安刑事の言葉が酷いですよ。

「反戦なんて古いんや」
「俺の顔をよう覚えとけよ。何度でも挙げたるからな」
「早く真っ当な道に戻れやコラ。お前、社会的地位とかカネとか欲しゅうないんか。うまいもん、食いたないんか？」

チンピラ丸出しだね。

森　この国の刑事司法の歪みや警察の取り調べの過酷さなど、今に始まったことではないけれど、でも昔はもう少し隠れてやっていたと思うのだけど、最近は露骨なんですね。一言にすれば恥じらいがない。このあいだ平沢勝栄・衆議院議員がテレビで、「我が国の起訴後の有罪率は九九・九％ととても高いパーセンテージである」と胸を張っていました。つまり検察が優秀だって言いたいらしい。九九・九％という数字がいくらなんでも異常なんだという発想は微塵もない。共有すべき前提が最早見つからない。

デモ隊に迷惑だと吐き捨てる心象は、「叫ぶなら周りの人間に迷惑をかけないところでやれ」ということかな。でもきっとこの人は、正月の「箱根駅伝」で走っている選手に「迷惑だ！」とは言わないだろうな。要するに体制に異議を唱える行為は不愉快だとの意識なのだろうか。

斎藤　「日の丸・君が代」問題だって同じじゃない？　「日の丸・君が代」を強制することに反対する教師に対して世間はものすごく冷淡だし、卒業式や入学式で教師が「強制反対」を口にしたり、ビラを撒いたら、「特定のイデオロギーを押しつけるな」「偏向教育」という批判が必ず上がる。一方、そういう冷ややかな態度をとる人たちは、「日の丸・君が代」の強制に対しては「主義主張を押しつけるな」とはけっして言わないでしょ。

森　このあいだ『東京新聞』で、「教員むしばむ『君が代神経症』」（二〇〇六年三月二三日付）というタイトルの記事が掲載されました。「日の丸・君が代」の強制に苦しんで精神的に追いつめられる教師たちの苦悩が描かれていました。記事掲載後に同紙の読者応答室には、「〈こういう問題をよく取り上げてくれた〉という声がある一方で、記事を〈君が代批判〉と読み取って、〈嫌なら教職を辞めるべきだ〉と、頭ごなしに罵声を浴びせる投書も多く、数の上では〈『君が代』も『日の丸』も昔から敬意を表すのが当然だ。〝強制〟できないと悩んで神経症なんてオーバーだ。〝強制〟ではなく『立て』と言えばいいだけの話だ〉との意見が勝」ったそうです（「読者応答室メモ」二〇〇六年三月二七日付）。東京新聞の読者層はリベラルな人が多いと思っていたらそうでもないらしい。いやそれよりも、リベラルの軸がやっぱりずれてきていると考えたほうが現実的かな。

斎藤　この感覚って、前に取り上げた「富田メモ」について問われた小泉首相が、「それぞれの人の思いですから。心の問題ですから。強制するものでもないし、あの人が、あの方が行かれたからとか、良いとか悪いとかいう問題でもないと思う」「心の問題ですから。行ってもいいし、行かなくてもいいし、誰でも自由ですね」（『毎日新聞』二〇〇六年七月二〇日付）と答えた反応と似てるね。

つまり、小泉首相は靖国参拝を徹底的に「私事化」していて、昭和天皇が行こうが行くまいが関係ないわけで、自分の「心の問題」に中国や韓国からなんで文句を言われるのか、ということです。参拝を支持する人たちからすると、「たかが神社に行くのになんでガタガタ言われなくちゃいけないんだ」「神社くらい行かせてやれ」という感覚とピッタリ重なるわけです。

ところが、参拝反対を公園や公道で叫んだりすると、そういう個人的な主義主張は「人に迷惑をかけない場所で」となる。首相が叫ぶと「個人の思いを尊重してやれ」、個人が叫ぶと「迷惑だ」、この差は一体どこから来るのだろうか。

メディアの「わかりやすさ症候群」が人びとから想像力を奪う

斎藤　渡辺清が書いていることで、ものすごく印象に残っているのは、戦争を生き延びた周囲の人びとの、戦死者に対する態度というか、冷酷な視線ですね。

彦十が父にこんな話をしているのを耳にした。

「全くなにが現金だっていったて、人間ぐれえ現金なものはにゃあずら。うちの茂信が戦死した当座は〈名誉の家〉だ〈靖国の家〉だなんて言って、ホイホイおだてやがって、こっちがいいっていうことまで、なんだかんだと手出しをしてくれてたのに、この節ときたら木で鼻をくくったみてえにもう見向きもしにゃあ。（中略）死んだやつのことを、あのうちも貧乏くじを引いたとか、かんじんの下賜金《さがりきん》もこのインフレじゃ孫の飴玉代にもなんにゃあずらとか、いまになってみりゃ犬死だったとか、ああだこうだと陰で言ってやがるのが業腹でよ

（中略）」

……確かに戦死者にたいするこの頃の村の人たちの気持ちは彦十の言う通りかもしれない。しかし実際のみんなの気持ちそのものは、戦争中もいまもそれほど変わっていないのではないか。戦争中はただ時勢に口うらを合わせていたのが、戦後になってたまたまその本音が出てきた。（中略）戦争中も百姓たちはひそかに戦死者の不幸を喜んでいたのではないか。（『砕かれた神』昭和二〇〈一九四五〉年一一月一六日の項）

斎藤　これを読んだ時に考えたのは、人間て、自分が直接見聞きしたり、触れるものでないことに対しては、徹底的に想像力が乏しいのだということ。自分に火の粉が飛んでこなければ、大方の人にとって、戦争なんて嫌でも何でもないんだね。

森　他者への想像力の衰退は実感しています。そしてこの状況が自然発生的かというと、必ずしもそうではない。北朝鮮への米や医薬品などの人道的援助を停止するそもそもの発端になった横田めぐみさんの遺骨の問題についても、実はすっきりしないことがとても多い。北朝鮮政府から遺骨を受け取った日本政府は、警察庁科学警察研究所と帝京大学の吉井富夫講師に鑑定を依頼し、科学警察研究所は鑑定不能との結論を出しました。ところが吉井富夫講師は、「めぐみさんとは別人のDNAが検出された」と発表し、世相は一気に北朝鮮制裁の方向に傾きました。でもその後、世界的権威の学術雑誌『ネイチャー』に、「火葬された標本を鑑定した経験はこれまで一度もない。自分が行った鑑定は断定的なものではなく、サンプルが汚染されていた可能性がある」と、吉井講師自身が語ったインタビューが掲載されました。つまり厳密な鑑定ではないことを、当の本人が認めたわけです。事態を重く見た『ネイチャー』は、合計三度にわたってこの問題を取り上げましたが、日本国内のマスメディアのほとんどはこれを黙殺しました。

それどころかこのインタビューが掲載されてすぐに、吉井講師は警視庁科学捜査研究所所長に唐突に抜擢されています。民間人がいきなり警察の関連団体のトップに抜擢されたわけで、とても異例な人事です。毎日新聞社会部の知り合いの記者がインタビューを申し込んだのだけど、現在のポジションを理由に断られたそうです。このときは国会でも民主党の議員から、証拠隠滅のために吉井講師を科捜研に抜擢したのでは？　との趣旨の質問が出たけれど、これも大きくは報道されませんでした。

とにかく拉致問題の報道については、メディア各社が不自然なくらいに萎縮していることを感じます。二〇〇六年末に『週刊現代』が、蓮池薫さんが日本人拉致工作に加担していた可能性があるとの特集記事を掲載したけれど、このときの他のメディアの反応も、不思議なくらいに冷ややかでした。この次の週に同誌が報じた大相撲八百長疑惑の記事は大騒ぎになったけれど。蓮池さんの疑惑については、事実かどうかは僕にはわからない。でもそんな噂が、メディアの裏側で流通していることは事実だし、僕ももっと衝撃的な話も聞いています。ならばきちんと検証すればよい。でも拉致問題を聖域化してしまった結果、メディア自身が自縄自縛の状態にはまりこんでいます。

以前、『国家の罠』（新潮社）の著者・佐藤優に「六カ国協議についてどう思う?」と聞いたとき、彼は「他の国はチェス盤を持って集まっているのに、日本だけが将棋盤を持って出席しようとしている」と表現したけれど、言い得て妙ですね。

案の定、今年（二〇〇七年）二月の六カ国協議で、日本はついに孤立してしまった。拉致問題を軽視しろという気はない。でも冷静に優先順位を判断しようとは主張したい。だけど、そんな視点はメディアの表舞台には決して現れない。つくづく思うけれど、メディアが発達して表層的な情報が大量に流通することによって、逆に想像力・感応力を失っていくといった状況が現出しています。

斎藤　それでも無理やり想像する。そういうのが知性というものなんじゃないだろうか。戦後六〇年も経ったらさあ、少しはそういう習慣が身についてもいいんじゃないかと思うんだけどね。

森　確かに愚痴を言っても仕方がない。人類は今さらメディアを捨てられないのだから。

斎藤　メディアがなくなっちゃったら、何もわかんなくなるからね。まず知ることが前提なんだから。

森　メディアの発達によって想像力が逆に衰退することについて、もう少し補足します。発達したメディアは当然ながら競争原理に埋没し、視聴率や部数を伸ばすために「わかりやすさ」を標榜します。つまり世界の簡略化。特にテレビは、リモコンの普及なども相乗してチャンネルを変えさせない工夫をしなければならないから、刺激的でわかりやすい情報に取材内容を無自覚に加工してしまう。

ベトナム戦争のときには、戦争反対を訴える世相の形成にメディアは大きな役割を果たしたけれど、イラク戦争ではそんな世相が喚起されないことが、メディアの変化を物語っています。今後もメディアは進化するでしょう。さらに資本主義経済やアメリカ型自由主義が世界を支配するのなら、メディアをめぐる競争原理や市場原理は一層加熱するばかりです。その意味では絶望的になりたくなるよね。

渡辺清は三〇年も前に、テレビの持つ本質的な怖さについて、「ひとの眼と耳を同時にひっとらえるテレビというものが普及している。そこに映るのはむろん片々たる複写の世界だが、受け手にはそれがあたかも現実のように錯覚されやすい。テレビにはもともとそういう魔術がある。だから、もし為政者がそのつもりになって、テレビを通じて、たとえば国の危機をあの手この手で訴えれば、つまりたくみに情報操作をすれば情緒的《エモーショナル》な煽動にはまことに弱い日本人のことだ、われもわれもとカッカして、たちどころに戦争体制が組織されるだろう。それがいちばんこわい。それだけに、われわれは日々の暮らしの中でつねに水のように醒めていなければならない」(「醒めた眼で」『私の天皇観』所収、初出『新生』一九七七年八月)と指摘しています。

ファシズムが同時多発的に二〇世紀初頭に歴史に現れた理由は、同じ時期に誕生した映画とラジオの影響が大きい。つまりプロパガンダですね。それまでのメディアは活字でした。でもあの頃、文字を読める人など世界全体では一部の階層だけだった。だから字を読めなくても情報が伝達できる映画とラジオは、初めてのマスメディアとなった。戦後にこの二つが融合してテレビジョンになった。少しものを考えることができる人なら、テレビが持つ負のポテンシャルを指摘することは当たり前なんですね。

納豆ダイエットの番組で「信じていたのにだまされた」と怒る人も、「信頼を裏切って申し訳ない」と謝るテレビ局幹部も、メディアの本質をまるでわかっていない。「信じる」という述語が、メディアへの接し方としてそもそも間違っている。まあ確かに、あの納豆ダイエットの捏造は、ちょっと言葉を失うくらいに低次元過ぎるけれど。でも本質は同じです。

ボイス・オーバーという業界用語があります。外国人のコメントに日本の声優の言葉をアフレコで重ねるやり方です。今回の捏造では、実際のアメリカの研究者が言ってもいないコメントを捏造して重ねたらしい。確かにそれ自体、あってはならないことです。でもならば、他の番組でこんなルール違反はまったくないのでしょうか。しょっちゅうやっています。ハングルの通訳の人から聞いた話だけど、日本のテレビ番組関係者から北朝鮮取材ものの翻訳を依頼されるとき、攻撃的で洗脳を強調するようなニュアンスをいつも要求されると言っていました。たとえば軍高官のコメントを「上からの指示だから仕方がない」と彼が訳せば、「総書記の仰ることはすべて正しいのだ」と変えられてしまう。

日本語のコメントを重ねることで本来の言葉を消してしまえるから、番組的に欲しいコメントに加工したいとの誘惑を抑えることができない。だから違う言語の場合は、ボイス・オーバーではなくて翻訳テロップにすべきなんです。かつてはそうでした。報道番組でボイス・オーバーなどあってはならない手法でした。でも最近の視聴者は、この翻訳テロップを「わかりづらい」と嫌うんですよね。NHKですら、最近はこのボイス・オーバーを多用している。昔はUFO番組くらいでしたよ。「確かにオラはあの山の向うに円盤を見ただよ」とかやっていたでしょ？　そんなバラエティ化が、「わかりやすさ」を大義名分に急速に進んでいます。

斎藤　渡辺清は、教育によって自分がこうなってしまったと骨身にしみているから、テレビに対する警戒心が人一倍強かったんでしょうね。

森　学校で「どうしたら国のため、天皇陛下のために立派に死ぬことができるか」を教えられてきたと彼は書いているけれど、そうした学校教育に加えて、新聞や雑誌、本などの活字メディアが、戦意の形成に大きな役割を果たしました。軍部が大陸進出を始めた頃、新聞はどちらかといえば、軍部の暴走に対しては懐疑的でした。それが徐々にイケイケになる過程は、当時の二大紙であった朝日と東京日日（現在の毎日）の部数競争と重複します。で、気づいたら「肉弾三勇士」や「百人斬り」みたいな勇ましい記事で紙面が埋め尽くされていた。

　でも、今、特にテレビに関わる仕事をしている人たちは、そういった「負の歴史」をほとんど知らないし、当然ながら、自分たちがどれほどの「大量破壊兵器」を扱っているかっていう意識もほとんどない。

メディアの「わかりやすさ症候群」が人びとから想像力を奪う

斎藤　一昨年（二〇〇五年）九月一一日の総選挙で、マスメディア、特にテレビは、郵政民営化に反対の自民党造反組の候補者に対して、小泉首相（当時）が放った「刺客」という表現をそのまま取り上げ、面白おかしい活劇に仕立て上げました。その結果、「小泉チルドレン」といわれる「新人議員」がたくさん当選しました。マスメディアのせいだけじゃないのは言うまでもないけれど、ああ、ついにここまで来てしまったのかと思ったね。

テレビはあの時、選挙に立候補するのは自民党の〝造反組〟と〝刺客〟だけでもあるかのような演出をしてのけた。同じ選挙区には野党の候補者もいるのに、そんなものは存在しないか、まったく意味がないかのような印象を視聴者に刷り込み続けたんです。複雑な構図を、誰にでも〝わかりやすく〟見せるためには余計な要素を排除した、というより、要するに嘘を垂れ流した。

でもね、政治をバラエティ番組のネタにしてしまって恥じようともしない、ここまでふざけた番組を拒否しない視聴者の責任も重大ですよ。ごくごく一部の例外を除いて、テレビなんてのは視聴率が取れなけりゃ勝手にやめるんだから。

こういうのを「パロティング」っていうんです。メディアが流す一定の価値観、判断基準をそのまま受け入れて、まるで自分が考えたかのように思いこんでしまっている。番組でも新聞や雑誌の記事でも、きちんと読み込んだりナレーションの裏を勘ぐったりしながら見たり読んだりできればまだしもなのだけれど、ちょっとしたシーンや見出しだけを斜めに見て、簡単に影響されているのだから、お話にもならない。

二〇〇六年の暮れには、まさにその〝刺客〟によって自民党を追われた〝造反組〟たちの復党劇がまたしても大量に流されました。安倍政権の支持率が下がったのは、そのあまりと言えばあまりの馬鹿馬鹿しさゆえだと伝えられていますが、本当にそうだろうか。日本の政治は自民党しかないのだという メッセージを、マスメディアはまたしても増幅したのではなかったか。二〇〇七年の統一地方選挙や参院選にかけて、復党をめぐる〝人間ドラマ〟が、どんな形で仕立て上げられていくのか、わかったもんじゃない。不安でいっぱいです。

森　テレビが先導する情報の単純化と簡略化は、日々加速しています。新聞・雑誌も部数を伸ばさなくてはならないから、扇情的な中吊り広告を作るために、刺激的な「見出し」が多くなります。『東京スポーツ』化ですね。昔キオスクで、「猪木リングで死亡」みたいな見出しを載せた東スポを見かけて、あわてて買ったら内側に見出しの続きがあって、「するかもしれないと語った」でした。見事にだまされた（笑）。まあプロレスだから笑い話ですむけれど、東アジアの安全保障問題もこの調子でやられたらたまらない。これはもう、ミサイルが飛んできたら、報復だっていう話になっちゃうよね。

斎藤　俺なんか完璧な「テレビっ子」だったから、いま自分がメディア批判をしているのは、子ども時代の反省だとも言えるんだよね。「♪ワタナベのジュースの素です、もう一杯」と言われれば駄菓子屋に渡辺製菓の粉ジュースを買いに行ったたし、プロレスのリングを三菱電機の電気掃除機「風神」がキレイにしてたら、「母ちゃん、掃除機は風神にして」って頼んだ。ベトナム戦争で、

「アメリカ軍は悪いベトコンをやっつける正義の軍隊だ」と毎日毎日言いきかされれば、「ああそうか」と思ったわさ。で、報道されなくなれば、簡単に忘れちゃったし。

森　じゃあ質問。どうしたらかつてのように、戦争に対するリアルなイメージを喚起できると斎藤さんは考える？

斎藤　経済のメカニズムを徹底的に考えていくことしかないんじゃないかな。目下のいわゆる格差社会は新自由主義的な構造改革のせいでもたらされ、さらにその背景にはグローバリズムがある。したがってグローバリズムにも一定の歯止めをかけなければいけないというのが俺の立ち位置なんだけど、グローバリズムのおかげで見えやすくなってきたものもあるわけね。それが戦争と経済の相関関係です。実際、アメリカがただ単に、世界征服をたくらむ悪《あく》のテロリスト征伐のためにイラクを攻撃しているだなんて受け止めている人は、きっと世界中に一人もいないでしょう？

石油資源の確保のためか、イスラム文明を国際市場経済秩序の中に一大巨大市場《マーケット》として取り込んでいくためか、あるいはそのいずれもが狙いなのか。正確な理解は難しくても、要はカネの話。アメリカやアメリカに追随する国々は、カネのためにイラクの人間を殺しまくり、罪もない人々の生活をめちゃくちゃにした。この構図はもはや誰にも否定できないはずです。それでもカネになれば〝国益〟だというのかどうかという違いだけでね。

ベトナム戦争の頃までは、こういう構造がよくわからなかった。グローバリズムが進んだ今こそ、朝鮮戦争やベトナム戦争を見つめ直し、あれらの戦争が意味していたものを再検討していこうと俺が強調しているのは、つまり、そういうことなんですよ。

森　それはわかるよ。でもたとえば今、中東の政情が不安定だから原油の価格が上がり、ガソリンや灯油も値上がりしているけれど、だから戦争はいけないという発想にはなかなかならないよね。あるいは仮にそんな合意形成ができたとしても、やっぱりそれはダメでしょ。燃料代が上がらなかったら喚起されないわけだから。

斎藤　今は混乱しているから、石油は上がるけど、石油の安定供給のために、戦争でもって完膚無きまでにたたきのめさなければならないというのがアメリカの論理の一つでしょ。日本の場合、従来はアラブに対して独自の外交ルートを構築し、独自の利権を持っていたわけですよ。それをあたかも放棄するかのようにして、アメリカと抜き差しならないところまで行っちゃったから、イランの油田もまともに開発しにくくなってしまった。せっかく持っていたアラブとのパイプも切れて、こうなったらもう日本は、アメリカと一緒に、アメリカが支配してもらったところで、そのおこぼれをもらうことしかできなくなってしまった。だから、損得だけで言えば、アメリカが圧倒的に強くなってもらったほうがいいということになりかねない。

森　もうなってるけどね。

斎藤　戦争というものが、経済とストレートに結びついていて、自分たちの生活を作ってしまっているのだという認識、恥を喚起したい。

森　それを恥と認識するかな？

斎藤　わからないな。戦争やれば儲かるじゃないかっていう結論になるかも知れないね。

森　それを恥と思える感覚があるんであれば、もっと早い段階で違う対応の仕方があったように思うんだ。

斎藤　主観的でしかないけど、日本ではいつのまにかベトナム戦争のことって全く語られなくなったと思うんだよね。

森　軍事介入に関するアメリカ政府の機密文書「ペンタゴン・ペーパーズ」やソンミ村虐殺の報道など、ジョンソンやニクソンに「国益を害する」などと罵倒されながらも、当時のアメリカのメディアは確かにとても頑張りました。米軍を直接的に敗退させたのは北ベトナム軍だけど、アメリカの国内世論と国際世論、言い換えればメディアと民衆運動が、米軍の撤退に大きな役割を果したことは間違いないです。その意味では、メディアと戦争を考えるうえでは、変な言い方だけど、とても幸福な事例となった戦争といえるのかもしれない。でも最初で最後ですね。

斎藤　ただ、アメリカの当局は国内の反戦運動に負けたという「反省」があるから、今、徹底的に弾圧をし、メディアをつぶしにかかっているわけでしょ。それくらい大局的な話もいいんだけど、改めて考え直すべきなのは、日本経済の高度成長はアメリカの戦争の上に乗っかっていた側面もあると。だから、単に自分たちの努力でもって経済大国になったんだ、俺たちは偉いんだというＮＨＫの「プロジェクトＸ」みたいなのはね、ああいう側面もあるけど、それだけじゃないんだってことをやっとくべきじゃないかと思う。

森　ベトナム戦争の教訓と反省から、アメリカ政府は湾岸戦争時には情報の遮断と封鎖を試みます。ゲーム映像のようだと批判されたピンポイント映像が象徴的ですね。でも封鎖や遮断は、逆にその隠された領域への想像力を喚起してしまう。それに気づいたアメリカは、イラク戦ではメディア戦略を一八〇度転回します。エンベッド、つまり従軍です。表層的には「全部どうぞ」になりました。ただしその視点は米軍の側から。とても周到です。メディアの自主規制に委託したんですね。それが見事に成功します。

斎藤　従軍でも何でも、取材できるものは何でも取材しておくべきだ。でも、完全に取り込まれてしまってはいけない。よくもこれほど思う壺にはまったもんだ。

森　「何かを撮るということは何かを隠すことと同義である」。これ、アジアプレスの綿井健陽の名言です。つまりフレームですね。写真でもビデオでも、映像には必ずフレームがある。言い換えれば撮る側の主観です。客観などありえない。

斎藤　日本の新聞やテレビの従軍記者たちも「私たちの部隊」って呼んでたもんね。こんなのもありました。二〇〇三年四月一日付の『朝日新聞』。野嶋剛記者の従軍記です。

先週、私が同行する米海兵連隊第一海兵師団第一連隊は、装甲車やトラックを連ね、国道を時速一〇キロ程度のゆっくりとした速度で進んでいた。

その時、別の部隊が国道近くでイラクの陣地を六〇ミリ迫撃砲で攻撃した。イラク側も反撃した。（中略）

私も兵士もかたずをのんで見守った。最後の一発が命中した。兵隊たちは「ヤァァ！」と喜び合った。私はその輪の中で、歓声を上げていたのだ。

私は中立であるべきジャーナリストであり、攻撃の成功を喜ぶべきではない。その陣地で「イラクを守る」という思いで必死に戦っていたイラク兵が、確実に命を失ったはずだ。

しかし、「やった」という感情は無意識のうちにわき上がった。

森　その記事は僕も読んだ。野嶋記者のこの文章はとても批判されていましたね。ただ、この人はぎりぎりのところで、そんな自分の感覚をかろうじて相対化していると僕は思うのだけど。

斎藤　記事はもちろんこの後で、いろんな理屈をつけてはいきます。アメリカ政府が世界中から合計六〇〇人、特に米国の地方紙の従軍取材を多く認めたのは一種の情報戦略であるに違いない。でも米軍の保護下にいてもべったりになるわけではないし、たとえば先日も海兵隊の幹部が、イラク兵の隠れ家で見つけたというガスマスクや中和剤の注射器を見せてきた。彼らが化学兵器を保有している証拠だと思わせたかったらしいが、自分は書かなかった、などと。

ここまではまあ、人情としてよくわかるんです。でも、記事のラストで脱力させられた。だって、こうなんですよ。

今回の戦争をどう考えるべきなのか。米国にもイラクにも問題がある、ということまでしか私には言えない。

一生に一度あるかないかの従軍の場で、私は悩み、考えながら、手探りでこの戦争の姿を伝えるしかない。

斎藤　超大国アメリカが圧倒的な軍事力をもって強行した侵略的な戦争を、ジャーナリストだから中立だなんて立場があり得るのだろうか。どっちもどっちと傍観し続けて済むのであれば、強い者、カネのあるほうの勝ち、そっちが正しいと言っているのと変わりない。そんなのだったら、そもそも何も伝える必要もないいんじゃないかとさえ、俺には思えてしまう。

なんだかんだと言っても、この野嶋記者は現場に赴いている。それだけで出かけていない俺の何万倍も立派なわけです。戦火をかいくぐる中で書かれた記事の一本一本についてまで、現場が第一のジャーナリストとしてははるかに劣る立場から、偉そうな批評なんかしたくない。

実際、この記事にはものすごい反響があったのだそうです。紋切り型でない、記者の本音がうかがえた、などという、とても好意的な手紙や電話がたくさん寄せられたのだとか。

しかし、こと戦争、圧倒的な武力というものを前にした場合、それでも徹底した建前を、たとえ紋切り型と蔑まれようとも貫くことのほうがまだしもマシではないかと俺は思う。悩み考えた末に、ではこの野嶋記者はどのようなスタンスに辿り着いたのかと言えば、「私の部隊」でした。

引用した記事から三カ月も経たない六月三〇日の奥付で、彼は自分の従軍記事をまとめた『イラク戦争従軍記』を、他ならぬ朝日新聞社から刊行することになります。ここで何度も何度も「私たちの部隊」「私の中隊」という表現が繰り返されている。一刻一秒を争う新聞記事ではなく、多少なりともゲラなりをチェックする時間が与えられていたはずなのに。

ということは、結局、彼は最後まで米軍に対するシンパシーあるいは忠誠心を、イラク人たち一人ひとりの生命よりも優先していたということになりはしないか。そう考えながら本の「あとがき」を読むと、なんとはっきりとこう書かれていました。

> 米国も米国人も好きではなかった。
> 世界中を我が物顔で振る舞っている感じで、自分たちに都合のいい理屈で外国に攻め込む姿に嫌悪すら感じた。ところが、兵士たちと生活をともにするにつれ、すっかり「親・米兵」になってしまった。（中略）
> これが「従軍効果」というやつかもしれない。その点で米国の思惑に乗せられたとすれば、素直に認めたい。「親・米軍」や「親・米国」にまではなっていないと思うが、米兵への印象が一変したのは事実である。

森　もう一度言うけれど、彼はぎりぎりで煩悶していると僕は思うんだ。ただ後半になるに従って、その煩悶が腰砕けになってしまったことは確かです。少し素直すぎる人なのかもしれない。

ベトナム戦争の場合は、北ベトナム軍にアメリカ海軍の駆逐艦が攻撃されたという「トンキン湾事件」で、アメリカは一気に軍事介入します。しかし後年、この攻撃はアメリカの自作自演の謀略だったことを暴露する「ペンタゴン・ペーパーズ」の存在が、ニューヨーク・タイムズ紙によって報道されます。

一方、イラク戦争はどうかというと、「大量破壊兵器の存在」と「アルカイダへの支援」という大義で米軍はイラクに侵攻します。その大義の実相がどうであったかは言うまでもない。

構造が酷似しているこの二つの戦争に対するメディアや世相の温度差について、僕はずっと考え続けているのだけど、ベトナム戦争の時のメディアについて言えば、主流はスチール写真ですね。これが重要なんだと思う。

斎藤　受け手に想像力が必要だったということ?

森　そう。さっき湾岸戦争時のピンポイント映像が、逆に視聴者の想像力を喚起したという話をしましたよね。写真も同様です。報道写真家の沢田教一がピューリッツァー賞を取った「戦場の川を泳いで避難する親子の姿」の写真一枚の力、一秒の何百分の一の瞬間です。情報量からしたら今のビデオ映像の何十万分の一以下でしかない。これを実感するのは、メールに添付で写真を送るか動画を送るかの違いを考えてくれればいい。動画の情報量は圧倒的です。そして情報量が圧倒的に少ないからこそ写真は、受け手の想像力を喚起するんです。シャッターを切るこの前に何があったのか、あるいはシャッターが押されてから被写体はどうなったのか、この写真のフレームの外には何があるのか、そんなことを受け手は必然的に想起します。

今それがどんどん衰退している。情報パッケージとなった戦場が、お茶の間に宅配便のように配送されています。想像する気持ちがどんどん薄れて「受容するだけ」「消費するだけ」になってしまう。つまり、メディアが発達することで、戦争のリアリティが消失する。今後おそらく、メディアは進化することはあっても、退化することはない。ということは、人が殺し殺されるということに対して、この世界はますます想像力を減衰させていくことを意味します。

斎藤　一九九一年の湾岸戦争の時に、「テレビゲームみたいな映像で、リアルさがないからゲーム感覚でやれるんだ」というような批判があったけど、今はリアルに映っているのに、その分、ドラマと同じになってしまっています。命がけで撮ってきている人に対して失礼千万な話だけど、娯楽として消費されているだけなんじゃないかとさえ思う。ちゃんと受けとめている人もいるんだろうけど……。

森　ＣＮＮやＣＢＳニュースなどにより、イラク戦争で初めて、戦場からの実況生中継が実現しました。見た人は誰もが感じたと思うけれど、とてものどかで緩慢な映像でした。実際に戦場に身を置くと、これは作家の開高健なども『ベトナム戦記』（朝日文芸文庫）で書いていたと思うけれど、意外と緩慢で日常的な局面ってけっこうあるんです。でももちろん、そんな日常の裏側には、眼を覆いたくなるような殺戮が充填されている。ところが戦場生中継の冠は、あたかもその緩慢さが戦争の本質であるかのように見えてしまう。少しだけ視点をずらせば、そこには血まみれの子どもの死体が転がっているのだけど、それはカメラのフレームの外なんですね。

メディアのみを一方的に断罪するつもりはないです。意図しようがしまいが、撮ることは隠すことと同義なんです。だから受け手の想像力が必要になる。でもメディアによる情報の簡略化が進むことで、この世界そのものが簡略化された世界へと再構築されてゆく。

斎藤 スポーツバーっていうのがあるじゃない？

森 大きな画面でサッカーやバスケットの試合を観ながら、ビールを飲むバーのこと？

斎藤 そう。二〇〇二年のサッカー・ワールドカップ日韓共催大会を契機に急増した飲み屋の業態です。一年後の二〇〇三年にイラク戦争が始まる頃になると、にわかサッカー熱が下火になりかけていたこともあってか、客が「戦争やってくれ、戦争」って騒ぐようになっていったんだと。戦闘や、攻撃されたイラク人たちの右往左往を眺めながら水割りを舐めていた連中が、この国には大勢いたし、これからも増えていくだろうって話だよ。

そのうち本当に憲法が変えられて、自衛隊、もとい自衛軍が戦闘行為に従事するようになった暁に、そいつらは、飲みながら日の丸の小旗でも振るんだろうかね。「ニッポン！ チャチャチャ!!」なんてさ。そうなる頃にはプロ野球中継の、ホラ、今は東北楽天ゴールデンイーグルスの監督をしている野村克也が評論家の時によくやっていた「野村スコープ」みたいに、戦況の解説が始まったりして。

森　やっぱりつくづく「わかりやすさ」だよね。かつては、複雑で曖昧であることが当たり前だった領域に対して、急速に寛容さが消えています。このあいだ劇団「第三舞台」を主宰している鴻上尚史と雑談していたら、観客のアンケートの話になってね、それがこの一〇年、大きく変わってきたらしい。

斎藤　どう変わったの？

森　「いったい誰が悪役なんだ？」とか「主人公は誰なんだ？」とか、とにかく単純で簡略化されたストーリーを求める声がとても多くなった。僕らの二十代の頃、「状況劇場」や「黒テント」などアングラ芝居が全盛だったけれど、ストーリーなんかよくわからなくて当たり前だった。唐十郎なんてとにかく滑舌が悪いから、何を言ってるかほとんど聞き取れなかったけれど、でもすごく感激したり、打ちのめされたりしてきた記憶があるわけ。舞台だけじゃない。映画もそうですね。あの頃の大学生にとって、難解なＡＴＧ映画は娯楽のひとつだった。痩せ我慢や虚勢も楽しかったよ。僕なんか本棚に古本屋から買ってきたマルクス・エンゲルスや吉本隆明を並べていたな。読まないよ。女の子が来たときに見栄えがいいから。あとレコードも、チャーリー・ミンガスとかアルバート・アイラーとか。ほとんど聴かないのに。

でも今は、映画は「ALWAYS 三丁目の夕日」や「デスノート」でしょ。本なら『さおだけ屋はなぜ潰れないのか？』（光文社新書）とか『国家の品格』（新潮新書）。新書が売れるという状況が象徴的だよね。モダンジャズのCDを、女の子が遊びに来たときのために買う奴なんてまずいないでしょ。……何か話しながら、今の学生よりもしかしたら僕のほうがバカで軽薄だったんじゃないかって気もしてきたけれど。でもとにかく、わかりづらさへの耐性は明らかに落ちています。

斎藤　劇作家で女優の渡辺えり子と対談させてもらった時に、彼女がやっぱり同じような話をしていたなあ。

森　結局、不安と恐怖の構造です。だから複雑なもの、考えねばならないものに接する余裕がない。明快な結論になかなか到達できない思考形式を、この社会が無自覚に避け始めている。右傾化とかナショナリズムの勃興と人はよく言うけれど、僕は結局、この不安や恐怖が媒介する緊急避難的で「寄らば大樹」的な感覚が、擬似的な右傾化やナショナリズムの衣をまとっているという気がします。テレビというメディアは、そんな社会の欲求にとても忠実に応える装置です。

斎藤　最近のテレビは、お笑い番組でも「ここで笑え」みたいな字幕が出るものね。

森　モザイクやテロップの氾濫もこの一〇年です。具体的にはオウム報道ですね。あれ以前のモザイクは窮余の策だった。当たり前です。画が汚れるんだから。そんな映像へのこだわりも、この一〇年でほとんど衰退しました。まあ衰退というより、こだわりの質が変わってきたと思いたいのだけど……。

斎藤　そこへもってきて、戦争の質も変わってきた。国家対国家じゃなくて、対テロ、対テロリストという「大義」になっちゃった。国家対国家の戦争だって、敵国の「大義」に耳を傾ける余裕なんてないのに、相手がテロリストと呼ばれたとたん、もっとわからなくなるものだから、「なんでテロリストになったのか」なんて、誰も考えようともしなくなる。テロリストをやっつける「大義」が絶対的な「正義」になってしまった。

森　国家なら交渉相手というか窓口が存在するけれど、テロリストにはそれがない。つまり終わらないんです。テロリストを駆逐するという大義が絶対的な正義にいつのまにかすり替わるように、いままで「例外」とされてきたものがいつのまにか「前提」になってしまっていることが最近はとても多い。

例えば、昨年（二〇〇六年）六月に、アルカイダ幹部のザルカウィが米軍の戦闘機による爆撃で殺害されましたけど、二〇〇三年三月二〇日に戦闘が始まって、五月一日には「戦闘終結宣言」が出されているわけだから、米軍がザルカウィを殺害できる根拠は、本来はどこにもないんです。あの段階で彼は「容疑者」です。拘束して裁判にかけるべきなのに、いきなり、問答無用で戦闘機で爆撃して、遺体の写真を公開する。でもアメリカは適正な手続きを踏んでいないとの声はまったく聞こえてこない。ザルカウィがあまりにも凶暴で邪悪だとのイメージが喧伝されたからでしょう。実際には僕は彼を知らない。凶暴で邪悪なのかもしれない。でもだからといって手続きを無視するのなら、それはもう法治国家の所業ではない。フセイン大統領の二人の息子も、戦争終結後に同じように米軍に殺害されました。

置き換えて考えたら、戦後、ＧＨＱが「徹底抗戦」を主張する日本軍の将校とか天皇の一族を掃討作戦で殺害していく状況を想像すればよい。そんな例外がどんどんなし崩し的に前例にされてゆく。

斎藤　一つひとつ、考えていくのは、めんどくさくて嫌だという感覚が蔓延していて、日本は、アメリカと同じような、問答無用、思考停止状態に陥り始めてきたように思う。

森　以前テレビ番組で、北朝鮮に対してはもう少し時間をかけて対応すべきじゃないかと言ったとき、「かつて、この国のメディアや世相が、北朝鮮に対してあまりにも寛容で従属してきたという思いが社会にあるから、その反動だよ」というようなことを言われました。確かにその要素はあるかもしれない。でもじゃあ、かつて寒すぎたから今は暑すぎてよいのだろうか。メディアが模索すべきは、多くの人が快適に過ごせる「適温」の提案のはずです。

「正しい戦争」をめぐって

斎藤　結局のところなんでこんなことになってしまったのかというと、渡辺清は戦中派の責任が重いと、さかんに言ってるよね。語り継ぐべき人が語っていないと嘆いています。

森　確かに、戦中派が語り継がなければ、僕らは受け継ぎようがない。活字や映像などの二次情報でしか、この国の戦争を知ることができなくなる。でも同時に、体験者として語り継ぐ人が少なくなりやがて消えるのは時間の問題なのだから、戦中派ばかりに依存することも問題だと僕は思う。今がターニングポイントで重要な時期ということは、戦中派に話が聞ける最後のチャンスということでもあるのだけど。

斎藤　いま起きている戦争、これから起きるであろう戦争の責任は、俺たちも含めた「戦後派」のほうが大きいんじゃないの？　戦中派は仕方がないとも言える。生きていくために必死だったわけだから。それに対して戦後生まれの人間は、とりあえず食うのに困らなかったのにもかかわらず、戦争の恐ろしさを理解しようともせずにきた。戦争というのは、何も経験しないとわからないってもんじゃないと思うんだけどね。そんなのダメに決まってるじゃないか。そこのところが今どきの議論というか、一番気にくわないのは、「正しい戦争」もあるんじゃないか、みたいなことを言うヤツがいる。

森　反戦平和という概念が、書生論的な青臭い左翼教条主義として回収されてきたという思いがこの国にはあるからね。

斎藤　ふだんは価値相対主義を否定する、世の中、絶対的な価値があるんだと、絶対的正義があるんだと言いたがる人たちが、こと戦争だけは「相対的」になっちゃうんだよね。俺なんかは逆に、戦争の否定だけは原理主義でもいいと思ってる。

森　「もし北朝鮮の収容所で無辜の民がおおぜい死んでいく状況があるとして、彼らを救出するための軍事介入すらあなたは否定するのか?」と訊かれたことがある。確かにこのときは考え込んだ。最終的には、戦争による被害の数と収容所で死んでゆく人の数の比較の問題だって答えたんだ。数量で換算するしかない。でもそれは誰にも予測なんかできない。だから現実的な対応ではないよね。今も考え中だけど。

斎藤　俺はその場合でも、軍事介入は絶対ダメだと思うね。介入する側が神様クラスの倫理観と実力をもって、独裁者を生け捕りにすると、これぐらいのことができるんであれば考える可能性はあると思うんだけど。これもまた青臭いけど、一人でも関係のない犠牲者が出るのはダメだと思う。

森　じゃあ、あり得ない仮定の話だけど、日々、一〇〇〇人単位で人民が収容所で殺されていく国家があったとして、その独裁者と側近がいるアジトを発見して、ピンポイントで爆撃できるという状況があったとしたら？

斎藤　そこまでできて初めて、考えてもいいとは思うけど。でも、俺はその国と爆撃する側の国との間にそこまでの差があり得るとは思えない。第一、仮にそういう圧政があったとしたら、基本的にその国の国民が選んだことでもあるわけじゃない。あるいはそういう文化であったのか。そこに関係のないところが介入するというのは、そう簡単にやっていいことではないよ。

森　簡単にやっていいことではないけれど、「関係ない国」っていう発想は僕の中にはない。国家という区分けをしたくない。

斎藤　国家ではなく文化みたいなもの、あるいは価値観かな。例えば、女性がとことん差別される文化があるとします。それは俺たちの基準でいうと、おかしいけど、それをそう簡単によそからつぶしていいものか。

森　文化や習俗、宗教や伝統的催事的なものに対しての干渉は、確かに簡単にするべきことじゃない。だけどもし、〝仮に〟の話ばかりが多くなることは議論としては錯綜してしまうことを承知で言うけれど、宗教的な行事で生贄という儀式を今も継続する文化が世界のどこかに存在しているのなら、僕はそこに対しては干渉してよいと思う。

人が殺し殺されることに対して徹底的に抗うことは、今生きている人の責務です。だから戦争は絶対に認めない。良い戦争も悪い戦争もない。ただし一〇〇〇人助けるために三人の犠牲が必要なら、その選択もありうるとは思っています。

斎藤　あり得るとは思うけれども、それを軍事力でもって、少なくとも今のアメリカがそれをやる権利があるとは思えない。それは神様の仕事であって、アメリカじゃないはずだよ。

森　権利ではなく、アメリカにその洞察の能力はない。だから国連があるはずなのだけど。

斎藤　国連がよほどきちんと機能していて、神様並みの実力があってだよね。ピンポイントのね。

森　斎藤さんもアメリカに対しては相当厳しいけど、渡辺清も、「日本は現在も実質上はアメリカの占領下にあるから、日本一国の主体的な判断や行動の自由はごく小範囲に限られている。わけても軍事面にいたってはすべてアメリカの胸三寸にかかっている。それだけにいつなんどき戦争に巻きこまれるかわからないという兇兆的な状態におかれていると言ってよい」というような「反米感情」を、繰り返しあらわにしているよね（『私の天皇観』所収「ある戦中派の訴え」、初出『思想の科学』一九八〇年二月号）。こういう渡辺清に共感するような「反米右翼」って少数派なんだろうか。

斎藤　少数派でしょ。だから、小林よしのりが、森さんや俺との対談企画に乗ってくるのは、「親米保守」を批判しているから孤立感を深めているんじゃない？（斎藤・小林対談『月刊現代』二〇〇六年六月号）

森　「反米保守」の旗を掲げているのは、小林よしのりと評論家の西部邁、一水会の鈴木邦男や木村三浩くらいかな。

斎藤　西尾幹二も「反米保守」のほうに近づいていているみたいです。

森　それは知らなかった。元「新しい歴史教科書をつくる会」の会長が!?

斎藤　彼の『「狂気の首相」で日本は大丈夫か』（ＰＨＰ研究所）という小泉批判の本を読んだら、三分の二くらい共感できた。驚いたのは、この本の「序」に書いてあったエピソードです。二〇〇五年八月、参議院で「郵政民営化法案」が否決され、衆議院を解散した時の、小泉首相の常軌を逸した言動に対して批判する文章を『産経新聞』のコラム「正論」に載せる原稿として編集部に送ったらボツにされたという話。

森　どういうこと？

斎藤　内容が「一方的」だったからだそうです。その経緯について、彼はこう書いています。

平成一七年八月八日、衆議院が解散された。私はいつもの政治の流れとは異なる異様なものを感じた。その夜のテレビで首相の記者会見を聞いた。捨て身になっている首相の気魄に心を揺さぶられたという人もいた。私はむしろ首相の興奮ぶり、思い詰め方、言っている内容の単調さに不安を感じた。すべてはこのときの認識の違いに始まる。

私は翌九日、自分の考えを四百字詰め原稿用紙四枚にまとめ、いつものように産経新聞のコラム「正論」の担当者に送った。私は一九八〇年代以来の常連執筆者である。夕方までに何度か掲載を懇請したが、最終的に拒否された。内容が一方的だという理由からだった。（中略）

「内容が一方的」だという理由で掲載を断わられたわけだが、翌日からの産経新聞の全紙を挙げての小泉フィーバーは誰の目にもあまりにも過度で、まさに「内容が一方的」だった。しかし産経だけではない。小泉擁護では産経も朝日も区別がつかなかった。改革派と守旧派との二つに単純に色分けする思考はテレビをまきこんで、九月の第一週くらいまで日本国内を圧し、全マスコミがまことに「一方的」だった。

森　この点は西尾幹二に共感できる。小林よしのりとだって、斎藤さんも僕も対談やったりしたけど、結構一致するところがかなりある。でも、途中でどうしても論理が乖離する……。

斎藤　決定的に違うのは「過去の戦争」に対する認識。それから、今の日本の「アメリカ追従路線はいいのか」というところまでは一緒なんだけど、「だから自主防衛のためにも核武装だ」という主張をされるとついていけなくなる。俺はそうは思わないから。核だけは持っちゃいけない。

森　彼はアメリカから「独立」して、侵略の脅威から日本を守るために「核武装」を主張する。ついでに「現実的な脅威」として中国やロシアを持ち出してくる。中国の軍事費増大や、ロシアは今はおとなしいけど、いずれ牙をむくかもしれないとか。脅威の可能性はもちろん否定できない。でもこの「ｉｆの連鎖」を続ければ、何だって脅威になってしまう。最後は宇宙人ですね。

繰り返すけれど、戦争が起きる構造は「危機管理」の大義です。今、世相的にいちばんの「脅威」は、北朝鮮の「ミサイル」と「核実験」ですね。昨年（二〇〇六年）七月五日にテポドンが打ち上げられたとき、日本政府は当初、四〇〇キロ飛んだと分析していたけれど、実際は打ち上げられてすぐに分解・飛散して、発射地点からたった二キロの所に落下していました。つまり大失敗です。核実験も、現段階ではどうもその概要がわからないけれど、少なくとも今すぐ脅威と考えられるような段階ではないことは自明です。仮に核実験に成功したって、これを搭載して飛ばすにはまだまだ時間がかかります。

ところが安倍晋三・官房長官（当時）や額賀福志郎・防衛庁長官（当時）は、ミサイル実験の際には「敵基地攻撃」を主張しました。核実験の際には、中川昭一・自民党政調会長や麻生太郎・外務大臣が日本の「核武装」について言及した。言いたいことは自衛ですね。でもこの声高な自衛が、結局は相手にも「自存自衛」の「大義」を与えてしまうことになる。

北朝鮮だって怖いんです。戦争になれば物量的にとても敵わないことを知っていますから。いくらなんでもそのくらいの情報収集能力はある。もしも事を起こしたら、それは現体制の崩壊を意味します。ＧＤＰにすれば徳島県とほぼ同じ規模の国なんです。だから彼らだって戦争なんて回避したい。でも攻められるならこちらから先に攻める。そう考えているはずです。そんな相手に、報復という名の先制攻撃をちらつかせてどうするのだろう？　これはそのまま、日本がアメリカとの開戦を決意したとされる「ハルノート」と同じじゃないですか。
戦争は自衛の意識が高揚して起きる。大義などいくらでも作る。でもこちらに武器がなければ、いくらなんでも大義の捏造はできない。だから相手につけいる隙を与えないために、日本は武器を捨てる決意をしたわけです。護憲論者じゃない僕が、九条に徹底してこだわる理由はここにあります。人を殺したくないし殺されたくないという信条だけでなく、この国を守るためにも、最も実効的でラジカルな手法だと思うから。特に交渉相手のいないテロとの戦いにこの世界が埋没しかけている今、その対抗原理として九条が持つ意味はとても大きい。世界がこれほどに血腥《ちなまぐさ》くなっている今だからこそ、非武装の持つ意味は大きくなっています。

斎藤 それは今すぐには無理だと思う。だって、アメリカがいるじゃないですか。俺はそれが一番怖い。

森 どういう意味？ アメリカは軍備を持たない日本を侵略しないでしょ。

斎藤 そういう保証はないんじゃないの、少なくとも今のアメリカだったら。

森 じゃあ、斎藤さんは、いずれアメリカが仮想敵になると？

斎藤 仮想敵とまでは言わないし、将来の非武装という夢を捨てるわけでもないけど、俺は森さんほど、はっきりと言い切れない部分があるだろうとも思っている。北朝鮮や中国の「脅威」よりも、アメリカの「脅威」のほうが正直、俺は怖い。

森 将来、アメリカが具体的に「脅威」になるとしたらどんな事態になる？ 経済の面ではすでに「脅威」になってるよ。

斎藤　日本がアメリカの言うことを聞かなくなったときの「脅威」だよ。

森　僕の理想を言えば、自衛隊は解散するし、アメリカとの安全保障条約も廃棄する。もちろん自衛隊員の再雇用問題なども含めて今すぐには無理だけど、二〇年や三〇年後という長いスパンでもない。

斎藤　それを日本が本気でやろうとしたときに、アメリカがどう出てくるか、というのが恐ろしい。彼らの人種差別を基軸とした行動原理と、日本が飼い犬であり続けた六〇年間の戦後史、何よりもアメリカ特有の、無邪気すぎる善意が一番恐ろしい。

森　断言するけれど武力侵攻はない。いろいろ嫌がらせはあるとは思う。その時にこそ、それこそ保守派の人たちが大好きな言葉だけど、「凛として」「毅然として」いればいい。

斎藤　そう思いたいけどね。可能性はゼロかっていうと、ちょっとわからない。イラク戦争だって、最初の「大義名分」は「大量破壊兵器を持っている可能性があるから」、それが見つからないと「イラクの民主化」だよ。無邪気な善意で戦争やられたらたまったもんじゃない。

森　無邪気な善意が怖いという部分には同意します。アメリカは確かにその最たる国。「アトミック・カフェ」（一九八二年）というドキュメンタリー映画は、そんなアメリカの側面をとても深く、そして諧謔的に描いたドキュメンタリー作品です。監督はケヴィン・ラファティ、ピアース・ラファティ、ジェーン・ローダーの三人で、ラファティ兄弟は現ブッシュ大統領の従兄弟です。そしてケヴィンは、「華氏９１１」でブッシュを徹底的にこき下ろしたマイケル・ムーアの師匠でもある。

映画の内容は、一九四〇〜五〇年代に、アメリカ政府や軍などが作った核兵器に関する広報や啓蒙のための映像を、無作為に編集してつないだ作品です。エディトリアル・ドキュメンタリーというジャンルです。だから作品のために撮影した素材はまったくない。ナレーションや説明もいっさいない。全部フッテージ（ありもの）を利用しています。

例えば、米兵たちがネバダの核実験場に連れ出されるシーン。放射能測定バッジを胸に付けて整列した兵士たちに向かって、上官が「今から核実験を行う。お前たちが測定器を付けているのは、被害規模を測定するためだ。そう言うとみんなビックリするかも知れないけど、大したことない。ただ、目をやられる場合があるからサングラスは必ずかけろ。それと外傷がある場合は、そこから放射能が入るかも知れないから、絆創膏を貼っておけ」などと説明します。そして核爆発が起こったら、爆心地に向けて「ＧＯ！」と言って、みんなが突進していく映像です。これは軍内部の教育啓発用に製作された作品のようです。

テレビでオンエアされた政府広報の映像も使います。冷戦の時代です。もしもソ連が核ミサイルを撃ってきたら、という趣旨の教育用フィルム。子ども向けだからアニメと実写の合成です。亀のバート君というキャラクターが出てきて、「ぴかっと光ったら、身体を縮めて机の下にもぐるんだ」と陽気に歌う。

そんな啓蒙やPRのための映像が延々と続きます。念を押すけれど、ジョークじゃない。大真面目です。観ながらつくづく実感したけれど、当時のアメリカ政府や軍の上層部のほとんどは、核の恐ろしさをまったく理解していなかった。一般国民も当然ですね。机の下に隠れたり、サングラスや絆創膏で放射能を防ごうという発想ですから。だからこそアメリカは、広島と長崎に原爆を落とすことができた。戦争を終わらせるという大義と被害の規模を測定するために。

斎藤　本当に無邪気で、屈託がないんだね。

森　悪意は後ろめたさがあるから簡単には暴走しません。でも善意や正義は暴走する。あっさりと大量の人を殺すことができる。たぶんね、ブッシュ大統領だって信仰心の篤い善意の人なんだろうなと僕は思う。知性は高くはないけれどお人よし。南部にはよくいるタイプだよね。イラクの人たちを自分たちは、「救ってあげているんだ」と本気で思っている。大義を捏造しながら、結果的には彼らを救うためなんだと自分に言い聞かせているのかもしれない。最近、ドイツのシュレーダー前首相が回顧録を出したけれど、ブッシュのことを「神のみと対話する人」と形容していますね。宗教的ミッション。これまた正義であり善意です。もちろんネオコンの野望や軍産複合体の権益、石油燃料の利権なども戦争の要素としては働いているけれど、これらはあくまで潤滑油だと僕は考えます。自らの利権や贅沢のために何千人もの人を殺せるほど、人は強くはできていない。

指導者たちのそんな善意や正義の陶酔に冷水を浴びせることも、メディアの大切な役割です。

ところがその機能が働かない。要因はたくさんあるけれど、そのひとつは「公正中立・不偏不党」というドグマを、何の懐疑もなく抱え込んでしまったからです。自らが公正中立であると思い込むことは、自らが正義であると規定することと同義なんですね。これもまた正義の暴走。こうなるとメディアは報道や言論よりも懲罰機関になってしまう。企業の不祥事を詫びる記者会見で、居丈高に役員たちを罵倒する記者がたまにいますよね。

斎藤　今日の「中立」というのは「現状肯定」を指すものだからね。批判をすると、「偏っている」とレッテルを貼られて、現状を肯定するのが「中立」だということになっている。だから、反対するものを載せるのであれば、現状をよりサポートするものを載せろということになる。

森　現状の横軸だけ見ていても、「中立点」なんて見えてこない。どんどんずれているし、そもそも絶対的な座標軸などないのだから。だから相対的な中立点を模索するならば、本当は縦軸の、時間の経過や歴史を噛み締めながら、一人ひとりが振り返るべきなんだけど、それができなくなっちゃっている。

その振り返るべき縦軸の一本を、渡辺清は示している。かつて、こういう体験をした人がいた、その人はこんなことを書き残していた、ということを知ることは、後世に生きるわれわれにとって、大事なことだと思います。

「平和原理主義」でいこう

森　先日、広島に行って、時間が空いたので平和記念公園に寄りました。原爆慰霊碑「安らかに眠って下さい／過ちは繰返しませぬから」を見るために。僕はあの碑文がとてもしっくりくるんです。

斎藤　一昨年（二〇〇五年）、右翼の男がハンマーで「過ちは」の部分を削り取った事件があったよね。「悪いのは原爆を落としたアメリカであって、日本ではない。日本人が犯した過ちではない」というのが犯行の理由だった。

森　その議論は建立当時からあって、とにかく保守と右翼からは評判の悪いフレーズですね。東京裁判（極東国際軍事裁判）の判事だったインドのパール博士が、「原爆を落としたのはアメリカである。なぜ日本人が謝らなくてはいけないのか」と発言したこともあったと聞きました。「A級戦犯は全員無罪である」と法廷で主張したパール判事は、靖国の境内に顕彰碑が建立されています。でも最近、『中村屋のボース』(白水社)を書いた中島岳志に聞いたのだけど、ガンジーを信奉していたパール判事は、現行憲法の九条をとても評価していたらしい。A級戦犯全員無罪についても、法手続きとしての正当性を主張したんじゃないのかな。まあそれはともかく、原爆慰霊碑のフレーズの主語というか、「誰が悪い奴だ」式の設問に答えるならば、僕はこれを日本の戦犯やアメリカなどに限定せず、生きている人全てであると解釈しています。戦争が過剰な自衛意識の帰結であるならば、当事国の双方にその責任があるんです。加害と被害とは連鎖するという構造を、とても明確に言い当てていると思います。

敗戦の翌年(一九四六年)、帝国議会本会議(六月二八日)で「憲法改正」についての論議があり、共産党の野坂参三は次のように発言しています。

我々の考えでは二つの種類の戦争がある、二つの性質の戦争がある。一つは正しくない不正の戦争である。これは日本の帝国主義者が満州事変以後起こしたあの戦争、他国征服、侵略の戦争である。是は正しくない。同時に侵略された国が自国を護るための戦争は、我々は正しい戦争と言って差し支えないと思う。この意味において、過去の戦争において中国あるいは英米その他の連合国、これは防衛的な戦争である、これは正しい戦争と言って差し支えないと思う。一体この憲法草案に戦争一般放棄という形でなしに、我々はこれを侵略戦争の放棄、こうするのがもっと的確ではないか、この問題について我々共産党はこういう風に主張している。

森　野坂は、自衛戦争は正しい戦争といっているわけです。そして、そのことを問われた吉田茂首相はこう答えています。

戦争放棄に関する憲法草案の条項におきまして、国家正当防衛権による戦争は正当なりとせらるるようであるが、私はかくのごときことを認むることが有害であると思うのであります。近年の戦争は多くは国家防衛権の名において行われたることは顕著なる事実であります。ゆえに正当防衛権を認むることがたまたま戦争を誘発するゆえんであると思うのであります。また交戦権放棄に関する草案の条項の期する所は、国際平和団体の樹立にあるのであります。国際平和団体の樹立によって、あらゆる侵略を目的とする戦争を防止しようとするのでありまます。しかしながら正当防衛による戦争がもしありとするならば、その前提において侵略を目的とする戦争を目的とした国があることを前提としなければならぬのであります。ゆえに正当防衛、国家の防衛権による戦争を認むるということは、たまたま戦争を誘発する有害な考えであるのみならず、もし平和団体が、国際団体が樹立された場合におきましては、正当防衛権を認むるということそれ自身が有害であると思うのであります。御意見のごときは有害無益の議論と私は考えます。

森　総理大臣が堂々と「自衛権の放棄」を主張しています。つまり当時の民意としては、これを是とする雰囲気がきっとあったのでしょう。自衛が戦争の本質であるならば、加害国や被害国の二分などもはや意味をなさない。こういう考え方を背景にして、「過ちは繰返しませぬから」という碑文が生まれたんだと思う。ところが、この考え方はあっという間に多数派から少数派に転落してしまった。吉田茂の答弁があってから四年後に朝鮮戦争が起きたとき、吉田内閣はアメリカの要請に従う形であっさりと警察予備隊を作っています。

斎藤　この「過ちは」の主語は、日本軍の重慶爆撃、ナチス・ドイツのゲルニカ爆撃、米軍の東京大空襲など、すべての戦争の惨禍を引き起こしたものが込められていると思うね。

森　本質が自衛意識であるのは戦争だけじゃない。テロも同様です。虐殺だってそう。ラジオが引き金になったルワンダの虐殺も、「やらねばやられる」との危機意識の発露でした。

斎藤　やっぱり、戦争というものは、どういう形であれ、全否定するところから始まらないといけないと思う。

森　今年（二〇〇七年）一月、防衛庁が防衛省へと昇格しました。極論すれば呼称などどうでもよい。でも言葉は実相を時として逆に規定します。防衛や自衛という言葉を使っているから正当だともし思うのなら、世界中の軍隊の多くは、防衛や国防、人民や解放などの言葉を使っています。昨年レバノンに侵攻したイスラエルも国防軍。北朝鮮は人民軍。アメリカのペンタゴンは国防総省。当たり前だけど侵略軍なんてどこにもいない。みんな専守防衛のための軍隊なんです。ところがその国防のための装置が人を殺す。イスラエルがレバノンに侵攻したときの大義は、ヒズボラという「脅威」の存在でした。根底にあるのは、自分たちの国や家族を守らねばならないとする自衛意識です。

斎藤　でも、ヒズボラの側にしてみりゃ、イスラエルのほうが違法なんであって。歴史まで持ち出したら収集がつかなくなるから、どこかで無理矢理けりをつけるしかないよね。

森　そう、無理矢理けりをつけるのが、「九条二項」だと思う。そりゃ強引な話だけど、だから対抗原理として有効なんです。

斎藤　護憲派がしばしば浴びせられる決めゼリフの一つに「自衛隊は軍隊じゃないか。実際に軍隊を持っているのに、戦力を保持しないという九条二項は欺瞞だ。現実に合っていない」というのがあるじゃない。学説の正確なところはよくわかんないのだけれど、九条二項は何よりも、「交戦権」を認めてない。改憲派は、自衛隊はあきらかに軍隊で、武器・兵器を持っているのに「戦力を保持しない」というのはおかしいと言ってるんだけど、だけど「交戦権」を持っていないと言っているんだから、武器も兵器も戦力ではないとも言えるわけでしょ。こんなのこじつけでしかないけど、「交戦権を認めない」というところに、価値があるわけですよ。

森　交戦しない軍隊。確かに矛盾の極致だね。でもその矛盾が、実はとても大切だと僕は思っている。ところで斎藤さんは自衛隊は存続していいと思っているわけ？

斎藤　いずれなくす方向、という大前提でね。とりあえず、「今日、解散」というわけにはいかないでしょ。「現実の脅威にどう対処するんだ！」という言い方は、素朴な感情として言いたくなる気持ちはわからなくはないけど、そうなったら、日本は世界一強くならないとダメだってことになってしまう。そんなの不可能じゃないですか。だったら、妙にハンパなものを持って頼るよりは、無防備で、外交でもって、侵略しようとするほうがおかしいんだと国際世論を持っていけるようにしたい。

それは書生論ではなくて、それくらいやらなかったら、日本の戦前・戦後の歴史を考えた場合、許されない部分があるんじゃないかと思う。こんなに戦争でろくでもないことをし、戦後もよその国で起きた戦争で金持ちになってしまった。繰り返しますが、俺たちが平和だ、平和だと生きてこられたのは、実は朝鮮戦争やベトナム戦争のおかげなんですよ。高度経済成長のきっかけは朝鮮戦争の特需景気だし、ベトナム戦争でさんざん協力したから、日本企業の輸出品をアメリカはいくらでも受け入れてくれたわけでしょう。植民地支配の責任や戦時中の加害責任については、まだしも言う人がいるけど、戦後のそれは誰も言わなくなっちゃった。俺はこれから、そういうことを言っていこうと思っているんですけど。

加害責任の問題って、それほど難しいことじゃないと思うんですよ。自分がされて嫌なことは、人にもやってはいけませんよなんていうのは、小学校で習うことでしょ。

森　日本のかつての加害責任にこだわると同時に、この殺戮が溢れる世界への対抗原理として何よりも有効な手法だと思うから、僕は九条にこだわります。でも「自分がされて嫌なことは人にもしない」という当たり前の見識が、なぜ少数派になってしまったのだろう?

斎藤　それは戦後の平和運動で欠落していた点でもあると思う。反戦の根拠が、また加害者になってしまうのではないかという予感ではなく、戦争に巻きこまれるとか、被害者にされてしまいかねないという受動的な恐怖でした。「加害責任」に気づいていた人はごく少数だったんじゃないでしょうか。平和教育といえば、ヒロシマ・ナガサキであり、東京大空襲、戦後の焼け跡でしょ。俺なんか池袋の出身で、焼け跡の典型だった街だから、地元の人たちはみんなそうだった。「二度とああいう目に遭いたくないから、戦争は嫌だね」と、これで終始していた。

森　確かに「二度とああいう目に遭いたくない」という前提では、ミサイルを打ち込まれるかも知れないから今のうちに叩いておけっていう論理に短絡する可能性がある。

斎藤　今度はアメリカとの連合軍なんだから、世界最強ですよ。簡単にはああいう目には遭わないだろうと。だったら加害責任のことをよほど徹底的に考えておかないと、「被害者にならない戦争ならいいや」ってことにしかならないよね。

森　最近、右傾化やナショナリズムの勃興というフレーズを、よく目にしますよね。僕はそのたびに考え込んでしまうのだけど、右傾化や民族主義などの語彙が、今のこの社会の状況を言い当てているとはどうしても思えない。

一昨年（二〇〇五年）、プロレスラーのグレート東郷の評伝（『悪役レスラーは笑う——「卑劣なジャップ」グレート東郷』岩波新書）を書きました。日系二世と自称していた彼が実は、チャイナと日本のハーフだったとの噂を聞いて、その探索を軸にしました。調べてみると、中国以外にも韓国だとか沖縄だとかいろんな説があったのだけど、出版後に当時のテレビ関係者と名乗る人から、「東郷の祖母が中国人だった。これは当時のテレビ業界では誰もが知っていた」との手紙が送られてきました。まあテレビ関係者と書いてあったけれど匿名なので、この真偽は不明。このあいだ出版されたばかりの大山倍達《ますたつ》の評伝（『大山倍達正伝』小島一志・塚本佳子著、新潮社）には、生前の大山が「東郷はコリアだ」ってよく口にしていたとの記述があります。大山がそう断言する根拠や理由はわからないから、これもまた実際のところはわからない。

力道山が北朝鮮の出身であることは事実です。そしてプロレスの黎明期、街頭テレビで力道山が闘ったアメリカのチャンピオン「シャープ兄弟」は、実はカナダ国籍です。つまり戦後のあの時期、敗戦で打ちひしがれた日本国民たちは、北朝鮮とカナダとの闘いを「大和魂、アメリカに負けるな」と熱狂しながら応援していたわけです。

それでね、つくづく思うのだけど、民族主義なんて結局のところフェイク（偽物）なんですね。だいたい日本民族なんて、先住民族に半島や大陸から渡ってきた人たちのハイブリッドで出来上がった民族です。単一民族というレトリックそのものがフェイクなんです。海外から成田に帰国するたびに思うけれど、大陸系から半島系、ポリネシア系から北方民族系など、とても雑多な顔がある民族です。「万世一系」の天皇家ですら例外ではありません。

日本と韓国との人々の間には、古くから深い交流があったことは、日本書紀などに詳しく記されています。（中略）私自身としては、桓武天皇の生母が百済の武寧王の子孫であると、続日本紀に記されていることに、韓国とのゆかりを感じています。（中略）しかし、残念なことに、韓国との交流は、このような交流ばかりではありませんでした。このことを、私どもは忘れてはならないと思います。（宮内庁ＨＰ「天皇陛下のお誕生日に際しての記者会見」二〇〇一年一二月一八日）

森　天皇陵が一般公開されない理由などを引き合いにして、天皇家と朝鮮半島との関係は、長く噂レベルで囁かれてきました。メディア関係者も含めて、誰もが最大級のタブーだと思っていた。ところがその当事者である今上天皇自身が、とてもあっさりとこれについて認めたわけです。たぶん歴代天皇としては初めてでしょう。大ニュースです。ところが翌日の新聞各紙は、天皇のこの会見を一面トップに掲載しながら、この箇所についてはほとんど触れなかった。想像するしかないけれど、天皇としてはとても強い決意と覚悟が必要だった発言のはずです。でもあっさりとマスメディアからは黙殺された。右翼はこれこそ不敬だと怒らねばならない。

いずれにせよ、ナショナリズムや民族主義が今の日本では高揚しているとよく言われるけれど、僕にはやっぱりそうは思えない。右傾化についても同様。そんな底の深いものではない。単一でもないし、健忘症的な傾向が強い日本民族に、本当の意味でのナショナリズムは似合わない。やっぱりこの状況は、危機管理意識の高揚なんです。それが右傾化や民族主義の薄い衣をまとっているだけ。一口にすればフェイクです。でもフェイクだから怖いんだよね。しっかりと地に足を踏まえていないから、とても簡単に軸がぶれる。

斎藤 よーくわかるね。俺も昔、梶原一騎が原作を書いた漫画『空手バカ一代』で大山倍達先生に憧れて、地元の池袋にあった彼の極真カラテの道場に通って挫折した同世代の男の子の典型的な馬鹿だけど、大山先生は漫画で描かれていたような純日本人の元特攻隊員でも何でもなくて、在日コリアンの元整備兵だったと直ちに知らされました。漫画はあくまでも漫画でしかなかったんです。

面白いもので、だからって裏切られた気分になんかまったくならなかった。俺だけじゃない。道場の仲間たちのおそらく全員が全員、同じような気持ちだったでしょう。

そんなこと、どうでもいいんです。空手の世界で大切なのは空手の実力だけ。突きや蹴りや受けのパワーと技術だけ。大山先生の力と実績の前に、誰が文句を言えますか。「愛国心」だの「ナショナリズム」なんていうものは、実質の伴わない奴らの逃げ場でしかないんだと、俺は思います。

「後ろめたさ」を抱きしめて生きるということ

斎藤　渡辺清は、自分の恥ずかしい部分も含めて、絶えず振り返って、反省するということを死ぬまで続けた人だよね。結局、彼が書いたものを改めて本にするという意味って、それをみんなに知ってもらいたいということだと思う。

　誰しも、忘れられない良心の痛みとかを持っているはずなんだけど、それを心の奥底にしまい込んでいる。戦争を語る場合も、責任は当時の軍部をはじめとする指導者たちにあるという考え方に陥ってしまう。しかし、彼は、自分はだまされ、それに乗せられてしまった責任を語り続けた。そのことに意味があるんでしょうね。

森　軍国少年で戦艦武蔵の乗員だった渡辺清の最初の転機は、敗戦そのものではなく、マッカーサーと2ショットで撮られた昭和天皇の写真です。いくらなんでもそれはないとの思いは、僕にも多少は想像できます。敬慕が深いだけに、失望と怒りも強烈でした。でも天皇に対する憎悪が、やがて少しずつ変質してくるよね。微妙に文章が変わってくるよね。自分が向けるべき怒りは、天皇個人だけに向けられるべきものではなく、天皇を支えた自分と日本社会全般が標的なのだと気づくのです。これは本質です。だから僕たちはこの企画に乗った。そうだよね？　渡辺清が単なる反天皇制主義者なら、間違いなく断っていたと思います。

天皇制という固有のシステムではなく、日本社会が遺伝子的に持つ内なる天皇制。それは僕の中にもあるし、きっと斎藤さんの中にもある。多数派に迎合し、異端を排除するという日本的メンタリティー、村落共同体的情緒、宮台真司ふうにいえばタゴサク的なお上《かみ》意識。最近はやりのタイタニックのジョークって知ってる？

斎藤　いや。知らない。

森　とても印象深いよ。タイタニックが沈没しかけたとき、救命ボートの数には限界があるので、健康な男性客には救命胴衣をつけて海に飛び込んでもらいたいと乗組員が考えた。でもなかなか飛び込みたがらない。そんなときの国別殺し文句。イギリス人に対しては、「あなたは紳士だからやってくれますよね？」と言えばあっさりと飛び込む。イタリア人に対しては、「海の中には女性がいっぱいいますよ」と言えばいい。アメリカ人に対しては、「飛び込めば君はヒーローだ」と言えばいい。ドイツ人に対しては、「これは規則なんです」。さて日本人に対しては？

斎藤　何となく見当がつく。

森　じゃあ言ってみて。

斎藤　「みなさんそうされていますよ」。

森　正解。すごいな。

斎藤　どこかで聞いたような気がするよ。でも言い当てているね。

森　そんな日本人のメンタリティが天皇制の下部構造なのだとしたら、フェイクであるがゆえに磐石であるという逆説にも何となくうなずける。

斎藤　しかし、俺らのような戦後世代の人間からすると、渡辺清のような強烈な体験は持っていないわけで、彼の思いに重ね合わせるとしたらどんなことが考えられるだろうか……。例えば、学校でのいじめ体験とか？

森　いじめ自殺は今とても大きな社会問題になっているけれど、これも問題の本質は、日本人の負の属性に関わっている。聞いた話だけど、諸外国にももちろんいじめはある。でも日本との違いは、少しずつ成長するにつれて、そのいじめの構造に第三者、つまりクラスメートが介入する割合が高くなることらしい。ところが日本の場合は、中学高校と成長する過程と並行して、傍観者が増えてくる。つまり多数派に付こうとする傾向がとても強くなる。

僕自身も、かつて転校生で重度の吃音だったのでいじめられました。特に中学時代はひどかった。放課後は必ず何人かに囲まれていじめが始まる。一度だけ殴ったんです。ボス格の奴を。ほとんど反射的だったけれど、その後はいじめも沈静化しましたね。

だから、相当、話が飛躍するかもしれないけど、僕は自衛権を否定しません。というか否定しようがないよね。自衛は生き物の本能です。自衛権があるかないかなんて論議そのものが無意味です。あることは当たり前。でもだからといって、子どもに武器を与えるような大人はいない。

斎藤　素手ならいいんじゃない？

森　まあ、顔が腫れるか、歯が折れる程度で済むもんね。

斎藤　極真カラテの大山倍達先生は、「戦争したければ、国民全員で素手でけんかさせればいい」とよく言ってました。くだらないかもしれないけど、一面の真実が含まれていると思えないでもない。少なくとも死人の数は激減するもの。一対一でやる限りね。もちろん、暴力に訴えることはよくないけれども、そこまでならいいんじゃないか、なんて。

森　大学の頃に文化人類学で習ったのだけど、コーカソイドとニグロイドとモンゴロイドの身体能力をパーツごとに比較して総合すると、モンゴロイドがいちばん進化レベルでは遅れているというか劣っているということになるらしい。あくまでも統計です。でも素手の喧嘩だと日本は全戦全敗しそうだね。

斎藤　だから、大山先生は「全員が空手を習うべきだ」と。

森　なるほど（笑）。

斎藤　俺は子どもの頃、体が弱くて、養護施設に預けられるくらいだったんだけど、腕力がなかったわけじゃなかった。よく学校で、ストーブの焚きつけ用の木を机に渡して、それを空手チョップでへし折るのが得意だった。それで「俺はできる」と勘違いして、中学の時に極真会館に通ったんだけど一カ月で挫折しました。

それがずーっとコンプレックスになっちゃって、このままじゃ社会に出られないと思って、大学時代にもう一度通いました。黒帯の一つ前の「茶帯」までは取ろうと一年がんばったんだけど、結局、途中の黄帯の頃に無理がたたって体をこわして辞めた。だから前歯が全部「差し歯」なんです。組手の稽古で回し蹴りを食らって全部折れちゃった。

森さんのように殴んなきゃいけないほどのいじめっていうのは経験したことがない。子どもの頃は、いつも先回りして行動していたような気がします。

森　僕は逆で、周りに溶け込みたかったし合わせているつもりなんだけど、気がつくといつも周囲から遅れているというか、ずれてしまっているというパターンが多かったような気がする。方向音痴なんですよ。それも地理的なものだけじゃなくて、自分の立ち位置がうまく把握できない。要するに場を読めない。

斎藤　俺の場合は、いじめの対象になる前に、違う方向へ行ったような記憶がある。

森　いじめる側に回ったってこと？

斎藤　俺はいじめたことだけはないよ。

森　本当？

斎藤　うん。なかった……はずだ。

森　僕は……あるな。散々いじめられたけれど、いじめたこともある。被虐と加虐の反転。それを身をもって体験した。時期としてはいじめっ子を殴って、「平民」の身分を獲得した後だと思うけど。

斎藤　俺も積極的にいじめてたことはなくても、止めたりもしなかったもんなあ。ああ、あった。よく覚えてる場面がある。女の子をいじめてた奴をぶっとばした。でもそれ以外は、いじめたりいじめられたりっていう関係のラチ外にありたいって思って行動してたんだ。それはだけど、傍観者だったってことになるのかもしれない。

森　いじめられている彼も、辛いとか嫌だとかの意思表示をその場では見せない。だからいじめる側は、どんどん無自覚になってゆく。今思うと彼は、学校ではいじめの標的になりながらも表層的には必死に取り繕って、でも家では泣いていたんだろうな。そこまでの想像力をもてなかった。悔しい。

斎藤　うん。

森　今も時おり思い出すのだけど、富山の小学校に通っていた頃、関西から転校してきた女の子がいました。明らかに貧乏な家の子だった。着ている服もいつも同じだし、継ぎはぎだらけ。給食費はいつも滞納。無口で、しかも転校生でしょ。言葉もイントネーションが違う。格好の標的になって、みんなから無視されて、「臭い」とか「近寄るな」とかね。今なら「キモイ」という言葉になるのだろうな。

僕は彼女に対するいじめに加担したことはなかったし、口をきいたこともほとんどなかったと思う。そんなある日、帰り道でたまたま一緒になっちゃった。そしたら、その子がふだん学校で見せないようないきいきとした表情でしゃべり出して、「今日、うちにくる?」って言ったんです。で、彼女について行ったんだけど、とても貧しい一画で、道は舗装されていないし、トタン屋根のようなあばら家が建ち並んでいた。そのうちの一軒に連れて行かれて、ガラガラっと引き戸を開けたら、母親が昼間から布団の中で寝ているんです。で、その子が「ただいま。友だちが来たよ」って言ったら、その母親がびっくりしたようで、寝間着姿で髪もぼさぼさで、片足が悪かったように見えたんだけど、箪笥か何かに掴まりながら立ち上がって……。その箪笥の引き出しからあめ玉を出してくれたことを覚えています。ハッカの味でした。何をして遊んだのか全然覚えてないんだけどね。とにかく日が暮れるまでその子の家の周囲で遊んで、帰るときには彼女と母親に見送られたことを覚えている。

翌朝、学校に行ったら、黒板に相合い傘で僕とその子の名前が書かれていた。たぶん誰かが目撃したんでしょうね。唖然としていたら、彼女も登校してきた。教室の扉を開けて、いつもなら誰とも視線を合わせないように俯きながら自分の机に行くのだけど、そのときは黒板の前にいる僕と目が合って、少しだけにこっと表情をゆるめたんです。そこで僕は……正確な言葉は覚えていないけれど、今でいえば「キモイんだよ」に相当するような言葉を、彼女に大声で投げかけていました。もちろん彼女に対してというよりも、周囲の悪がきたちへのデモンストレーションですね。

斎藤　うーむ。

森　自分の言葉や、その後どうなったのか、それはもう忘れているけれど、その瞬間の彼女の表情、怒りでもないし、哀しみとも少し違う。今にして思えば、虚無に近いような、そんな表情だったような気がする。その表情だけは、今も覚えています。というか消えないんだ。

斎藤　それは忘れられないよ。ひどいもん、それは。

森　うん。最初からいじめのグループに入っていたほうがまだましだった。

斎藤　今になってバチが当たってるんじゃない？

森　バチ？　うん、そうか。そうかもね。それでね、実はこの話、もうずいぶん前に、「今、お母さんになっているであろう彼女に、もしも会えたら詫びたい」というような結尾にして『週刊金曜日』に書いたんです。そしたら読者から投書が来ました。

斎藤　何て？

森　「いい気になるな」って。……一言もないよね。……ただ、この贖罪意識というか後ろめたさは……傷つけられた人からすれば確かに「いい気になるな」なんだけど、僕にとって、とても大切なんです。だから今も、こうして歯を食いしばりながら話している。

自分を標準化するつもりはないし、あまり後ろ向き過ぎることも困るけれど、でも特に政治家やメディアに関わる人たちは、必要以上に胸を張らずに、「美しい」とか「凛として」とか「品格」とか前向きな言葉を大事にするのもいいけれど、もっと後ろめたさを持ったほうがいいと思うのだけど。

斎藤　贖罪意識ほど大事なものはないと思うよ。……でも、五〇過ぎて、いまだに「親の七光り」で生きている世襲議員に「後ろめたさを持て」って言っても無理なんじゃないの。連中は国を私物のように扱っているでしょ。

森　仕事柄、僕は戦場ジャーナリストや写真家の友人や先輩がとても多い。で、最近気づいたのだけど、彼らは皆、戦争には徹底して反対の意を表明する人たちなんですね。具体名を挙げれば、桃井和馬、初沢亜利、綿井健陽、豊田直己、野中章弘、吉岡逸夫、大石芳野、林克明、石川文洋……まだまだいくらでもいます。現在、戦場写真家の最高峰といわれるジェームズ・ナクトウェイも、「なぜあなたは危険な戦場で写真を撮り続けるのか」との質問に、「世界から戦争を終わらせるためだ」と即答しています。

たまたま僕と波長や思想が合う人ばかりが戦場に行くのではもちろんありません。実際に戦場に行って、手足が引き千切られた子どもや焼かれた女や老人の死体を見れば、まずはともかくこれは止めさせなければと思います。当たり前のことです。威勢がいいのは、あるいは「正しい戦争がある」などと口走るのは、世襲議員のほとんどを筆頭に、基本的には戦場を知らない人たちです。サマワに自民党の武部勤幹事長（当時）たちが行ったときも、数時間の滞在だったよね。

斎藤　あの人たちばかりは、たとえ現場を見てもダメかもしれない。決めつけたくはないけど、「核武装」とか「憲法改正」とか、威勢のいいことを言う世襲議員って、生まれや育ちという環境要因が決定的な影響を与えているような気がする。他人の命に対する判断基準が全然違うんじゃないのかね。ああいう連中にひどい目に遭ってきた両親を持ち、自分自身もその手の取材を重ねてきた身でないと、なかなかわかってもらいにくいかもしれないけど……。

森　人の善性に対して、僕はそこまでの不信感はない。知らないだけだと思う。まあ確かに、同じ体験をしても知る量が少ない人もいくらでもいるけれど。つまり知悉の下手な人。

「他人の命に対する判断基準」で思い出したんだけど、昨年（二〇〇六年）の三月一〇日、東京大空襲の犠牲者たちの法要が行われる横網町公園（東京都墨田区横網二丁目）に初めて行きました。で、行って初めて知ったのだけど、この公園には以前から東京都慰霊堂があって、関東大震災（一九二三年）の犠牲者が祀られていたんです。つまり大空襲の犠牲者たちは、震災の犠牲者たちの慰霊碑に合祀されたわけです。

一晩で約一〇万人の死者を出した大空襲なのに、広島・長崎のような戦災記念館や平和公園もない。一〇万人が火の海に包囲され、焼け死んだのではなく、あまりの高温に自然発火した人も多かったそうです。つまり蒸し焼き。別に数量や死に方だけを問題視するつもりはないけれど、犠牲者の数で言えば、東京大空襲は長崎の原爆よりはるかに大きい。

以前までは都立の「平和祈念館」の構想があったけれど、一九九九年に「凍結」されて、作家の早乙女勝元さんたちが中心になって民間募金による「東京大空襲・戦災資料センター」が作られ、そこに収集した資料が展示されています。入館料は一般客で三〇〇円。三階建てのとてもこじんまりとした施設です。靖国神社に祀られている「英霊」たちの扱われ方とは、あまりに違いが大きすぎる。理由は彼らが民間人だから？　ならば倒錯しているというしかない。

斎藤　横網町公園には俺も行ってみたことがある。関東大震災の時に虐殺された朝鮮人たちの碑も、ひっそりと建てられていた。空襲のあった三月一〇日正午のラジオで、大本営は「盲爆により都内各所に火災を生じたるも、宮内省主馬寮は二時三五分、其の他は八時頃迄に鎮火せり」（傍点編者）と発表してるんだよ。天皇の馬小屋が焼けたのが畏れ多いことで、一〇万人の犠牲者は「その他」で片づけられてる。

森　そもそもこれほどに被害が大きくなった理由のひとつは、空襲警報が数分間遅れたためなのだけど、その遅れた理由は皇居で休む天皇を無用に煩わせてはと警報を躊躇《ためら》ったとの説もあります（早乙女勝元著『東京が燃えた日』岩波ジュニア新書）。

東京大空襲など日本の各都市への爆撃や原爆投下に関わったカーチス・ルメイ米空軍司令官は、戦後一九年が経った一九六四年に、池田勇人《はやと》内閣から、日本の航空自衛隊創設に功労があったとして「勲一等旭日大綬章」を授与されている。ちなみに、この時の防衛庁長官は、小泉純一郎の父親の小泉純也です。

小泉純也は戦時中、郷里の鹿児島に陸軍の飛行場を誘致するんだけど、これが特攻基地になります。つまり、特攻基地を建設した人物が、日本人を最も多く殺した敵の将軍に勲章を授与したということになるわけです。で、その子の純一郎が、自民党総裁選出馬直前に、知覧特攻平和会館を訪ねた時に、特攻隊員たちの遺書を読んで泣いたと言われています。
……話しながら何だか哀しくなってきた。でも続けます。総理大臣になってから彼は、靖国神社参拝について、中国や韓国から批判があるが……という質問に対して、「私は嫌なことがあると、あの特攻隊員の気持ちになってみろと自分に言い聞かしてみます。特攻隊員として出撃するより、どんな嫌なことがあってもそれに立ち向かう方がいいだろうという気持ちで（中略）今回、総理大臣を拝命した現在も、何かきついこと、つらいことがあればそういう気持ちを思い起こして（中略）特攻隊に乗り組んでいった青年たちの気持ちに比べれば、こんな苦労は何でもないという気持ちで立ち向かっているつもりでございます」（二〇〇一年五月二一日、参議院予算委員会）と答えています。

また、イラクへの自衛隊派遣を決めた時、「お国のために命を懸けて戦うという少年の気持ちをどう思うかという質問に、「あの知覧の特攻隊の方々の遺書、写真を見て、だれでもやっぱり深い感慨を覚えると思います、感銘を受けると思います。涙なしにはあの遺書なり写真を見ることはできないのではないかと思っております。そういう純粋な当時の気持ち、あれを見れば、二度とこういうような時代にしてはいけないと思うのは私だけではないと思っております」（二〇〇四年二月五日、参議院「イラクにおける人道復興支援活動等及び武力攻撃事態等への対処に関する特別委員会」）と答えています。でもこれって、派遣される自衛隊員の気持ちではなくて、自分の気持ちだよね。

斎藤　この、小泉首相の二つの発言を読むと、知覧特攻平和会館で流した「涙」には、「お国のために命を投げ出した人」への共感だけで、彼らに無惨な死を無理強いした戦争指導者への怒りは感じられない。そういうレベルの見方なら、森さん、お互い、子どもの頃に特攻隊の話を聞いたり、映画を見たりして考えなかった？　なんで今さら、この程度の〝感想文〟なのさ。

小泉は特攻隊員の遺書を見て、「二度とこういうような時代にしてはいけないと思う」と言いながら、イラク派兵を決定したことに矛盾を感じていないようだ。むしろ、その前の発言からすれば、特攻隊員の心情と、イラク派兵を決定した自分の辛い気持ちを重ね合わせているように読めてしまう。

森　……喋るのが苦痛になってきた。でもあえて聞くけれど、政治家って、そういった「犠牲もやむなし」みたいな意識を持たざるを得ないんじゃないの？

斎藤　もちろんそうだけど、すべての人の命を救おう、すべての人が平等で、すべての人が幸せになれるようにしようとして、だけどそんなことはかないっこないから、その時は「泣いて馬謖《ばしょく》を斬る」ということもあるかもしれない。でも、「泣いて馬謖を斬る」というところだけが、彼らの中で肥大化していて、国家のために冷酷にならざるを得ないと苦悩する自分に酔っているとしか思えないね。ナルシシズムの塊だ。

世の中が乱れてくると流行り始める考え方に、ポジティブ・シンキングっていうのがあるよね。俺、あれ、大嫌いなんだ。早い話が、嫌なことはなかったことにしちゃおうっていうことだから。

何もかも自分に都合のよい物語に仕立て上げてしまう。

そりゃあ誰だって、現実のすべてをネガティブに考え始めたら生きていることさえ辛くなる。だから無理やりやらされていることでも、まるで自分が率先してやっているかのように思い込もうとするものです。確か甲南大学経済学部の熊沢誠教授（労使関係論）の『能力主義と企業社会』（岩波新書、一九九七年）で読んだ記憶があって、それ以前から労働問題の取材をするたびに同じようなことを考えさせられてもきたけれど、それにしたって達観に至るまでの苦悩なり葛藤というのがあって初めてそう言えるのであってさ。ポジティブ・シンキングの一言ですませられてしまうものでは断じてないはずなんだよ。

小泉の発想は、なんともはや実に、あまりにも単純なポジティブ・シンキングだとしか思えないんですよ。心の奥の底まで推し量ることは誰もできやしないけれど、少なくとも一国の首相が国民に向かって表現してよい水準ではまったくない。三歳児以下のレベル。

小泉を見ていると、自分の親父がものすごく立派に思えてきてしまう。高等小学校しか出ていない池袋の鉄屑屋がどういうわけか関東軍の特務機関に徴用され、挙げ句の果てにシベリアに一年間も抑留されて、昭和三一（一九五六）年の暮れに最後の復員兵として辛うじて帰国してきたんです。満州（現在の中国東北部）で何をしていたのか、上官に何をさせられていたのかを、息子の俺にも最後まで語らないまま、死んでいった。ポジティブ・シンキングになんか、なれっこないからだよ。

森　確かに「蟻の兵隊」や「日本鬼子《リーベンクイズ》」など、日中戦争に参加した元日本兵を被写体にしたドキュメンタリーを見ていると、彼らのほとんどは、家族にすら戦争体験を語ってこなかったようですね。

斎藤　年を取って、寿命を察してか、口を開くようになったんだろうね。そういう思いを大事にすることと、受け取るこちらは想像力で補っていく努力が必要だと思うんです。

森　というよりもね、もっと生理的なものなのかもしれない。開高健ノンフィクション大賞を受賞した伊東乾《けん》の『さよなら、サイレント・ネイビー』(集英社)に、極限状況になったとき人の大脳皮質は、一種の酸欠状態になってしまうという実験結果が記述されています。つまり記憶や情感の回路が作動しなくなる。それが前線の兵士の脳内世界なのかもしれない。だから中国の民間人を初年兵教育と称して銃剣で突き刺したという事実経過だけはかろうじて覚えていても、当時の自分の心情が立ち上がってこない。リアルじゃないんです。語ろうにも他人の記憶のようで語れない。「蟻の兵隊」でも、中国を戦後に再訪したかつての皇軍兵士が、当時の虐殺の記憶を徐々によみがえらせる過程が描かれていました。

斎藤　俺もそういう体験をしたら、特に家族になんか語れっこない。それが仮に加害体験でなくてもね。渡辺清のように、目の前で戦友が死んでいくのを目に焼き付けて、戦後もずっと忘れないでいるのは相当きついことだろうと思う。それでも人間であり続けようとしたら、絶対にやらなきゃいけないことなんだが。

森　彼は次々死んでいく戦友のことを一人ひとり、しっかりと記憶しているよね。特に印象に残っているのは、「天皇陛下のためだ」と自分に言い聞かせて死んでいった同年兵の話。この記憶力と再現力は凄まじい。執念ですね。

Mが二五番（二五〇キロ爆弾）の破片で、左肩口をはすに砕かれたのは、第四次爆撃の際で、敵機が引き揚げてすぐ、私が駈けよって見たときには、もう顔は土色にかわり、舌ももつれていましたが、私が右舷の昇降口の横で抱きおこしてやると、それでも喘ぎながらうわずった声で、

「……辺《なべ》か、おれ、やられたゃ……だめだ、……これじゃ、もう……辺《なべ》、……とうとう、きたゃ……だけど、なんだか恐《こえ》いなぁ、淋《さぶ》しいなぁ……暗くて……でも、さぁ……辺《なべ》、おれ、……名誉の戦死だよなぁ……これ……天皇陛《へえ》下のためだよなぁ……本当《ふんとう》に、そうだよなぁ、辺《なべ》、そうだよなぁ……。」

と、その身ぎわまでその死の意味を自分に納得させていたMのそのときのきれぎれの言葉は、いまも私の耳底にこびりついていますが、Mはそれからものの十分とたたないうちに、つづけざまに大きなしゃっくりをして、砕かれた肩の右腕をハッチのへりにのせたまま息を引きとりました。さいごのしゃっくりでのぞかせた糸切歯のあいだに、ついさっき食べたばかりの戦闘糧食《にぎりめし》の黒ごまが一粒くっついていたのを血まみれの顔といっしょにいまもはっき

り憶えています。「天皇陛下のためならば、なんでいのちが惜しかろう」(「露営の歌」)小学校の唱歌の時間にさえくり返しうたわされたこの歌の文句を最後まで信じていた十八歳の皇国少年の最期でした。(『私の天皇観』所収「天皇裕仁氏への公開状」より引用)

斎藤　ただ、後ろめたさを感じている人は沈黙する一方で、そういった感情を全く持ってない場合は、それこそ無邪気に語られていたんじゃないか。彼が日記に、日中戦争に従軍した博労《ばくろう》(牛馬の仲買人)の話――「上海から南京まで進撃していく間に、そうだな、おりゃ二十人近くチャンコロをぶった斬ったかなあ。まあ大根を輪切りにするみてえなもんさ。それから徴発のたんびにクーニャンとやったけや、よりどりみどりで女にゃ不自由しなかった。ほれ、この指輪も蘇州でクーニャンがくれたやつさ。たいしたもんじゃないらしいけんど、そのときもこれ進上するから命だきゃ助けてくれって泣きつきやがったっけ。でもさ、生かしておくってえとあとがうるせえから、おりゃ、やったあとはその場で刀でバッサバッサ処分しちゃった……まあ命さえあぶなくなきゃ、兵隊ってのは、してえ事ができて面白えしょうばいさ。それでお上《かみ》から金ももらえるんだから、博労なんかよりもずっと割がいいぜ」――を書き留めています。ここで渡辺清は、この博労を非難するだけでなく、自分だったらどうなのかと考えています。

しかしこれを個人的に考えれば、博労のいうクーニャン殺しといい、南京での惨殺行為といい、他人事ではすまされない。確かにおれは直接支那の戦線には出なかった。海軍からも陸戦隊がだいぶ行ったらしいが、おれは一度も支那の土は踏んだことがない。だがもしそこに居合わせたら、おれだって何をしでかしたかわからない。（中略）

いずれにしろ戦闘に参加した者は、その点を自分の問題として冷静に反省してみる必要があると思う。そこをいい加減にごまかしておくと、いつかまた同じことを繰り返すようなことになるかもしれない。（『砕かれた神』〈岩波現代文庫〉昭和二一〈一九四六〉年三月一一日の項）

森　「もしそこに居合わせたら、おれだって何をしでかしたかわからない」――この一文を書き留める渡辺清を、僕は心の底から尊敬します。戦争は誰かが起こすものではない。自分たち一人ひとりです。だからこそ被虐だけでなく、加虐の意識を持ち続けることの重要性を、僕は主張し続けます。

斎藤　「自虐史観」って言われちゃうかな。でも、これからアメリカの手先になって、他国へ軍隊を送るような国は、せめて「自虐」にでもならなきゃ、「人でなし」になってしまう。

森　自虐でも他虐よりはマシだよ。それともう一つ、斎藤さんが指摘するように、経済と戦争については、僕ももっと考えねば。

斎藤　それは自分自身が手を染めてなくても、そのおかげで他の国の人たちよりも豊かに暮らしてこれたんだもの。それを今さら自己否定することはできないけれども、絶えず後ろめたさを感じないといけないと思うね。

森　じゃあ、保守派の人たちがよく言うように、「戦後ずっと『私たちが悪うございました』って言ってきたから、今そのツケを払わされてるんだ」という意見についてはどうですか？

斎藤　だから、本心からであれば、土下座外交でも仕方ないいんじゃないの。土下座ぐらいしなくちゃならないだけのことをしたんだから。それが本心からでなかったことに問題があるんだよ。過去の過ちに対してちゃんと反省できるほうが、よほど誇りある国だと思うんだけどね。開き直ることが「誇りある態度」だとはとても思えない。

森　「いつまで謝罪しなくちゃならないんだ」「いつまで賠償しなくちゃならないんだ」とか言うじゃない？

斎藤　未来永劫やればいいんです。自分を食わせてくれた親の世代がブッ殺しまくったのだから当たり前でしょ。そうしてれば、いつか許してくれるかもしれないし。

森　「日本だって酷い目に遭ったんだ」って言われれば？

斎藤　それはそれとして相手に謝罪や賠償を要求すればいい。

森　オーケー。やられたら謝罪を要求する。やってしまったら相手が納得するまで謝る。あたりまえのことだよね。

斎藤　何世代経っても、ずっとそのことがケンカの種になる。くだらないよ。面倒くさすぎるじゃないか。だから戦争はやっちゃいけないんです。

森　最近ね、遊園地のお化け屋敷のことをよく考えます。いい歳をした大人も、あの空間はやっぱり怖いですよね。でもお化けが出た瞬間は確かにビックリくらいはするけれど、着ぐるみとか電気仕掛けの人形であることは知っていますから、実はお化けそのものは怖くはないんです。でもお化け屋敷は確かに怖い。ならば何が怖いのかといえば、暗くて細い「通路」なんです。通路のないお化け屋敷などありえない。何がいつどこから出てくるかわからないから怖い。つまり恐怖って、「わからない」ことから生まれ、そして肥大するんです。

その恐怖や不安が社会を壊す。仮想敵を作り出す。ならば知ればよい。単純なことです。知るためには、身近に接すればいい。僕が撮ったドキュメンタリー映画「Ａ２」を引き合いにするけれど、たまたまオウムの信者が自分の街に住みついたことで、オウムを排斥する運動を立ち上げた住民たちがいました。監視小屋も作り、交代で信者たちの動向を監視した。ところが毎日のように接していたら、オウムの信者も自分たちと変わらない普通の人間なんだということがわかってきた。信者が退去するときには、なごりを惜しむようになっている。オウム真理教を知らなかった時期にメディアから二次情報で与えられていた恐怖や不安など、もう影も形もない。

でも一般の人にとっては、アルカイダのテロリストが友人にいたり、北朝鮮の工作員が親戚にいたり、オウムの信者が近所に住んでいたりするようなことはまずありえない。つまり知りたくても知れないことが普通です。そこでその役割を担うのがメディアです。ところが市場原理に抗えないマスメディアは、不安や恐怖を煽らずにはいられない構造になってしまっている。

それでは、どうやったら相手のことを知るか、それを考えるのが最後に残された道だと思う。とにかく知るってことが大事。相手を知ればそう簡単に戦争は起きない。もちろんルワンダやコソボのように、よく見知っているはずの隣人同士が危機意識を発動させて殺し合う事態もありえます。でも少なくとも、知らないよりは知っていたほうが規模や被害は大幅に減少できるはずです。そのためにはメディアも変わらねばならないし、メディアを変えるためには民意が変わることが最も有効です。

あとは想像力。地球上のすべての人間と知り合えるわけがないんだから、少しずつ想像力の射程を伸ばしていくしかないんじゃないかと思う。後天的に与えられるものではなく、人間に先天的に付与されているものだと思うから、何かの弾みで入ってしまう一時停止のスイッチを、意識的に解除する習慣が大切だと思う。つまり集団や組織のレッテル張りを極力回避することです。人間なんて肌の色や言葉が違っても、「体温」はみんな同じなんだから。

斎藤　俺だって別に、人類の全員が善だから性善説だなんて思ってやしないけどさ。統治される人々にだけ性悪説を適用して、統治する人々には性善説を当てはめるなんて馬鹿なことだけはあり得ないと考えてます。人間なんて、どういう立場だろうととどのつまりはくだらない、ろくでもない。だからこそ、たとえどんなことがあろうとも、命のやり取りにだけは発展させないようにしておきたい。要はそういう話なんだと思うんだよね。

戦艦武蔵とともに海底で眠る友へ

原題「北緯一二度五〇分、東経一二二度三五分、水深一三〇〇米の海底に眠る友へ」
初出『深夜通信』一九六六年一〇月三〇日

渡辺　清

「武蔵」の甲板で書いた遺書

鈴木よ、お前と俺があの比島沖で幽明を異にしてから二十二年経った。烏兎匆々《うとそうそう》、俗に言やぁざっと二昔前だ。だけど俺にとっちゃ一昔も二昔もない。なにもかもがつい今しがたのことのように生々しい。時の流れもあって無きが如くだ。

お前と俺とは同年兵、新兵のときの班も一緒で、海兵団の教育が終わると、勤務先は別れたが、どういう風の吹きまわしか一年後に偶然また「武蔵」で一緒になった。一緒と言えば俺たち二人の遺書も同じだった。ほら、お前もよく憶えているだろう。出撃前夜リンガ泊地で書いたあの遺書を……。

お父さん、お母さん、

僕はこれから〇〇〇方面の戦場に向ゐます。噂によると相当の激戦が予想されます。ですから今度は僕も生きて帰れないかも知れません。でも僕は其《そ》れで本望です。実は僕は今日まで此の日の来るのを今か今かと待つてゐたのです。此の上は粉骨砕身《ふんこつさいしん》天皇陛下の御為《おんため》に立派な働きをする心算《こころづもり》で居ります。勿論《もちろん》戦死は覚悟してゐます。でも僕は死んでも魂は永遠に生きるでせう。そして僕は辱《かたじけ》なくも天皇陛下が御《お》直《じ》き直《じ》きに御参拝して下さる靖国神社に神様として祀られるのです。それを思うと勇気百倍です。皇国男子と生れこんな名誉な事は在りません。其の時は泣かないでどうか僕を賞めて下さい。

此の世に生を受けて十八年、思えば短かい一生でしたが僕は其れで満足です。今更何も思い残す事はありません。只々天皇陛下の御為に笑って死んで行くだけです。今日迄僕を育てて下さったお父さん、お母さん、色々本当に御世話になりました。心から御礼を申し上げます。此れからはどうか達者で僕の分まで長生きして下さい。其れのみを御祈りして最後のペンを置きます。兄さんや妹、弟にも呉々《くれぐれ》も宜敷《よろし》く伝えて下さい。

お母さんに一つだけお願ひ、僕が死んで帰つたら命日の度毎に、あんこの一杯ついた美味しいぼた餅を僕に供えて下さい。其れを楽しみにして征きます。ではさやうなら。

昭和十九年十月〇〇日

軍艦〇〇〇の艦上にて

俺がデッキの隅っこで大急ぎで遺書を書きあげて、チリ紙に切った髪の毛と爪を包んでいると、そこへやっと艦橋の見張当直の引けたお前が駈けおりてきたが、その時はもうしめ切時間まで三十分もなかった。お前はあわてて「どれっ」と俺のものをひったくると、「うんこりゃいい、あつらえたみたいに俺の気持ちにぴったりだ、よし、写させろ」と言ってそのままそっくり写してしまった。ただ違うところはおしまいのぼくの命日のたびごとに仏壇に〝ぼたもち〟を供えてくれというところを〝おすし〟に変えたくらいであとは一字一句違わなかった。こうして全く同じ遺書が同時に二本でき上がった。ところがお前のはそれが立派に遺書として役立ったが、俺の方はこと志に反して赤ッ恥をさらしてしまった。

だが鈴木よ、それが俺にとって倖せであったかどうか、二十余年後の今も俺にはよくわからない。考えてみると俺は陸《おか》に上がってからというもの、まだついぞ「生の喜び」というものにひたったことはない。心から笑ったこともなければ泣いたこともない。陰々滅々、生者の間に身をおきながらなぜか空しさと違和感はつのるばかりだ。それも一つには、多くの仲間を海底に残し、あまつさえ、ある場合には見殺しにさえして自分だけおめおめ生きて帰ってきたという意識にたえず噛まれているせいかも知れぬ。それかあらぬか、いまもことあるごとに啾々《しゅうしゅう》たる死者の嘆きを聞き、ときには夢でうなされたりすることがある。

とりわけお前のことは心のひだから消えるということがない。「鈴木」というのはどこにでもザラにある苗字だが、俺は今でもこの苗字を見たり聞いたりすると、たんびにみぞおちのあたりがキーンとつれて、身をすくめたくなるように痛みを覚える。それというのも、あの時ひょっとしたら助かったかも知れないお前を死なしてしまったのは、八分がた俺の過失ではなかったか？という気持ちにさいなまれているからだ。

沈没寸前、「総員退避」の号令を聞きつけた俺は、飛びこんでいった治療室から繃帯《ほうたい》だらけのお前をおぶって、ようよう露天甲板まで上がってきた。甲板は右往左往する兵隊で混乱していたし、傾斜もすでにきわどい限界点にきていた。俺は自分ではわりと冷静なつもりだったが、やはりあわてていたのかも知れない。三番主砲の前まできて、血糊《ちのり》に足をとられてぶっ倒れた俺は、そこへ無雑作にお前をおろすと立ち上がりざま後部の方へかけ出した。するとお前は俺がそのまま行ってしまうと思ったのか、「おい、辺《なべ》、たのむ、連れてってくれ、辺《なべ》ッ……」と叫んだのを俺は背後に聞いた。

しかし正直に言うが、あの時の俺はお前をおいてきぼりにするつもりはなかった。何とか助けてやりたいと思った。と言っても俺はお前をかかえて飛びこむだけの泳ぎに自信がなかったので、お前には別に何かつかまるものを持たせてやろうと思って、短艇庫にあるはずの応急用の角材を取りに走って行ったのだ。しかし応急用材はすでに持ち去られたあとで板っ切れ一枚なかった。俺にはほかにこれという思案があるわけではなかったが、また急いで傾いた甲板を四つん這いになってお前をおいたところまで引き返してきたのだ。

が、その時はすでにお前は頭を砕かれてハッチの横にあおむけにひっくり返っていた。右舷によせてあった重さ一トンもあるあの防舷物が、傾斜のあおりをくって転げ出したのか、ちょうどその真下にいたお前はその下敷きになったのだと思う。それにしても、俺があの時もう少し用心して、あと一メートルか二メートル、砲塔寄りにお前をおろしておけば、あるいはあんなことにならずにすんだかも知れない。暗かったせいもあるが、まさかあの防舷物が固縛もしないで置いてあるとは俺も気がつかなかった。むろん何かつかまるものでもなければ、素手で飛びこんだところで片足もやられていたお前はとても助からなかったかも知れない。しかしそうは思ってみてもやはり……。

俺らの班で死んだのはむろんお前だけじゃない。杉田も死んだ。根岸も死んだ。関も市毛も死んだ。市毛はお前が治療室へ運ばれた直後、煙突わきに落ちた二五番（二五〇キロ爆弾）の破片で腹を裂かれ、中の臓物をそっくり甲板に吐きだしてしまった。それでも彼はしばらく、横向きに倒れたまま首だけ持ち上げて、吐きだしたものを両手で一生懸命かきよせながら、もう一度腹につめこもうとしてもがいていた。しかし俺が気がついて駈けよった時には、すでに口からオードの泡をふいて、縄のようにもつれた、てらてらした桜色の自分の腹わたの上に顔をうめたまま、もうウンもスンもなかった。

根岸と関は爆弾をまともに受けて、硝子屑のように海に散ってしまった。あとには関の片方の靴が通風筒の下におき忘れたようにぽつんと転がっているだけだった。俺が杉田をみたのは、沈没の五、六分前、後部の旗竿のところだった。彼はどういうわけか上衣だけぬいで、傾いた旗竿にしがみついて、「母ちゃん、母ちゃん……」と上ずった黄色い声で叫んでいたが、彼はあのまま結局艦と運命を共にしてしまったらしい。あいつはまだ十六で顔の丸まっちい可愛い少年だったが、彼が深海でなめた苦しみはどんなであったか——。俺はいつもそれを思うと、くらくらして体をもみたてたくなるほどだ。しかし俺はあの時杉田に何もしてやれなかった。どうしてやることもできなかった。ひと声、声をかけてやることすらも……。俺はもう自分のことだけで精一杯だった。俺はやっぱり薄情で駄目な男だった。

そして俺は今にして思うのだ。人間がギリギリの極限状況に追いつめられたとき、一体誰がその手をさしのべてくれるかと。それは誰か？　友人はむろんのこと、兄弟だってあぶない。恋人だってあぶない。妻だってあぶない。ひょっとすると母親だって怪しい。自分をみとってくれるものは、正に自分以外にないのではないか。俺はあの体験を通して、それまでそれと知らずに過してきた人間の底深いエゴの深淵を、おのれの中にもはっきりと見とどけてしまった。そしてそれを見とどけてしまった俺は、今日はやりの「連帯」とか「話し合い」とかいう「組織の有効性」をいくら説かれても、白々しさだけが鼻について、そんなものなんて、くそくらえとしか思えないのだ。

こうして結局俺たちの班だけでも若い兵隊六人のうち、生き残ったのは俺一人だった。しかし、あれから俺がどうやって生きてきたか、それをいま俺はここに書く気がしない。死んだお前を前にして、どうしてそんなことが書けよう。ただ、俺がここでお前に言えることは、俺は死におくれたうしろめたさをこの二十余年抱きつづけてきたということだ。俺もあの時死ぬべきであった。死ななければいけなかった。俺は折りふし死んだお前をうらやましく思うことさえある。

俺たちは戦場にいる間死ぬことだけを考えていた。死ぬことを「無上の名誉」と思い、その一点に自分をピーンと引きつめていた。だから前ぶれもなく訪れた敗戦の日、俺はこれで助かったという思いはみじんもなく、瞬間死におくれたという無念さだけが俺を噛んだ。そしてこれから自分の足で立って生きていかなければならない、死の暗がりの中を出て、これからは明るいギラギラした太陽の下で呼吸していかなければならない。そう思ったとき、俺は死ぬことよりも、生きていくことのほうが、はるかにつらく恐ろしかった。むろん俺もその後はどうやら人並みに結婚し、人並みに子供を作り、人並みに生ぐさい生活をかこってはいるが、俺にとって陸《おか》の上のまぶしさは、今も変わることがない。しょせん俺は恥多き生き残りの一人に過ぎぬ――。

だが鈴木よ、俺のお前にたいするせめてもの慰めは、お前がこの国の戦後を見ずにすんだということだ。実にひどいもんだ。戦後はそのまま末法の世だ。俺たちがそのために死のうと思っていた「祖国」のイメージなんてどこをさがしたってありゃしない。それればかりではない。戦後アメリカに占領されてからというもの、この国はもう恥も外聞もなく、それこそなりふりかまわず、アメリカの前に体を開いてしまっている。俺たちがそのために戦い、お前がそのために死ななければならなかった敵国とだ。それで言うことがいい。「昨日の敵は今日の友」だと。やにさがる破《は》瓜師《かし》の台詞か、ふん。「一寸の虫にも五分の魂」というが、その一寸の虫にも劣るていたらくだ。円転滑脱な転身、寄らば大樹の陰。それで民主主義、敵国にだらしなく五体をあずけてしまっていて、何が民主主義か、ペッ……。

だが、それはそれとして問題は天皇だ。俺たちが本気であの遺書にも書いた天皇だ。お前は今も「天皇陛下」をしっかり抱きしめて、一三〇〇メートルの海底に沈んでいるが、俺は天皇のことだけはお前にはっきり言っておかなければならない。

俺は敗戦の日、天皇は何らかの形でこの戦争の責任をとるだろうと思った。戦争に敗けたからではなく、勝っても敗けても悪い戦争だったとわかったのだから、きっとそうするだろうと思った。それでこそ「我らの大元帥」だと思った。ところが天皇は謝罪一つするでなく、ぬけぬけと居直ってしまった。「民草《たみぐさ》」も「赤子《せきし》」もただの言葉、結局時の状況に巧妙に同化しておのれの転生を計ることだけに窮《きゆう》々《きゆう》としていたんだ。そのために失われた三百万の犠牲も天皇にとってはしょせん一条の煙り、脱ぎ捨てた軍服と一緒に忘れてしまえるようなものだったのだ。そうして当節では、マスコミの「御輿」にのって、「人間味あふれる」だの、「ご生物学者」だの、「慈悲深い父君」だの、「民主的で和やかな天皇家」(このおどろくべき形容矛盾)だのと、週刊誌の口絵を賑わし、正月ともなれば、高みから帽子をふって愛嬌をふりまいたりしている。まことに恬然《かつぜん》たる実に「寛仁大度《かんじんたいど》な御姿」だ。

もっともこのおどろくべき見事な転身は何も天皇に限ったことでなく、それはそのまま日本人の精神構造を「象徴」したものだと思う。とりわけ戦中、おれたちをペテンにかけたおエラ方の多くは口をぬぐってふたたび政・財・官で幅をきかせ、やれ「所得倍増」だの「高度成長」だの「経済大国指向」だのと物質主義を謳歌し、そのためにことあるごとに天皇を担ぎまわって利用している始末。むろん彼らの言いなりになって利用される天皇も天皇だが、戦後このかた「たみぐさ」の大方も、そういう天皇にそれほどこだわっていないようだ。こんなことだと、そのうちにこの国に「社会主義天皇制」などというバカげた制度ができるかも知れない。希望は捨てたくないが、楽観できる根拠は乏しい。

何れにしろ、鈴木よ、これが「我らの天皇」だったのだ。天皇の正体だったのだ。それとは知らず、あんな「大真面目」な遺書を本気で書いた俺たちこそ、いいつらの皮だった。それを思うと、心じくじゅとして、俺は死んだお前が無念でならぬ。

なぜ「武蔵」の大砲をさかさに向けられなかったのか

鈴木よ、俺はいまも二つだけどうしても諦めきれないことがある。一つはエイゼンシュタインの映画「戦艦ポチョムキン」のことだ。これは一九〇五年、黒海のオデッサ港における水兵の叛乱を扱った事実そのままの記録映画だ。ロシアの王制ツアーリ（日本で言えば天皇家）はこの叛乱をきっかけにしてやがて十二年後には崩壊するわけだが、俺がここで言いたいのは、お前と俺が同武蔵に乗ったのは一九四二年、つまりポチョムキン号の叛乱から三十七年も経っていながら、同じ戦艦の水兵として大砲をさかさに向けることを知らなかったということだ。馬力引きの牛馬のように毎日追いまわされ殴られながら、それでもなお、そうされるのが「帝国海軍の水兵」として当たり前なんだと思いこんで、叛乱の「八」の字も考えることができなかったことだ。

俺はな、鈴木、できることなら、もう一度戦艦武蔵に乗り組んで、こんどこそ、あの四十六センチの主砲をさかさに向けてやりたいと思っている。むろんいまとなってはそれも夢のまた夢だが、ポチョムキン号の水兵のように、武蔵の大砲をさかさに向けることさえ知らなかったという痛恨の思いに、俺はいまもうつうつとこだわりつづけている。

それからもう一つ、これも考えるたびに慚愧《ざんき》にたえないが、敗戦の「八月十五日」のことだ。当時、動員兵力は陸海あわせて七百二十万と言われていたが、もしあの時点で俺たち復員兵がいっせいに蜂起していたら、それこそ天皇制を根こそぎにして、世直しができたにちがいないと思うのだが、俺はこの時もただ阿呆のように途方にくれていただけだった。むろんそんなふうだから、その後も天皇を裁けなかったし、また裁く思想も持てなかった。そして、それからのありようはここに書くまでもない。世直しどころか肝心の天皇の戦争責任も、いつのまにか、ウヤムヤになってしまったが、そういうふうにいざというときにバネ腰のきかない自分のだらしなさ加減を思い知らされたことが「戦後」の俺の生きかたをきめてしまったわけで、その意味では俺の戦後はまだまだ終わっていない。いや、俺にとっての「戦後」は、これから先もまた、永遠のようにつづくだろうと思う。

だがもうよそう。こんなことはいくら書いてもきりがない。ただ、俺も生き残ったからには、これから先いくらかでも「会稽《かいけい》の恥」をそそぎ、天皇を頂点とするこの国の腐れた横ッつらに一打ちくらい喰らわしてから死にたい、ということだけはお前に伝えておきたい。

それがお前にたいする俺のせめてもの供養だと思うからだ。

なぜ『海の城』『戦艦武蔵の最期』『砕かれた神』を書いたのか

原題「戦争と私――体験から想像力へ」／初出『思想の科学』一九七九年八月号

渡辺 清

だまされた自分に責任はないのか

『砕かれた神――ある復員兵の手記』(一九七七年刊)、あの本は書きちらした当時のメモが下敷にあって、あとはできるだけ当時の記憶を再現して、日記風な小説という形でまとめながら、最後は、少年兵だった主人公が、天皇からもらったことになっている被服や食事代や恩賜《おんし》の煙草なんかを全部あらためてお金で返すというところでしめくくったわけ。むろんこのことも事実なんですが……。

ぼくは、復員してから結核で長いこと呻吟《しんぎん》していて一時は再起不能ということになって、その間にいろいろ、自分の戦争の体験というのを、ベッドの上でメモ風に書きつづっていたんですけれども、とにかくこれを書きあげないうちは死んでも死にきれないという思いがありましたね。

ぼくは当時小学校を卒業してまもなく、海軍に志願して入ったわけですから、言ってみれば、純粋ファシストというか、まあ、典型的な皇国少年だったんですね。ぼくが小学校に上がったのは一九三二（昭和七）年で、その前年に日中戦争（満州事変）がはじまっていましたから、すでに生まれながらにして首までどっぷり戦争の体制の中に浸かっていた。だから兵隊に志願していくときも、ほんとうにピクニックか遠足に行くような軽い気持ちで行ったわけです。

ところが、娑婆《しゃば》で想像していた軍艦と、いざ乗ってみた実際の軍艦とは、三日月と太陽ぐらいの違いがありましたね。でもそれもこれもすべて天皇陛下のためだということでひたすらに耐えた。ぼくにとって天皇はイコール祖国であって、その祖国のなかには、むろん親とか兄弟とかふるさととか、そういうものが含まれているんですが、とにかくそういうもののために身を鴻毛《こうもう》の軽きに処していこうという、まあ当時の言葉をかりて言えば、尽忠報国《じんちゆうほうこく》の至誠に燃えていたわけです。

ぼくはその後ずっと第一線に出てまして、海戦に何回か出て、いろいろつらいことや危ない目にも遭いました。しかもその間、天皇の「朕カ陸海軍将兵ハ全力ヲ奮テ交戦ニ従事」せよという宣戦の詔書を体して、自分なりに一所懸命やりました。まがりなりにも勇敢なる水兵としてね。

そしてそこへ前ぶれもなく敗戦がきた。あの八月十五日はぼくにとってたいへんなショックでしたが、ぼくのほんとの敗戦は八月十五日より、むしろ翌月の九月二十九日だったですね。なぜかというとぼくは、その九月二十九日に新聞で、マッカーサーと天皇の並んで写っている写真を見たんです。あれは驚天動地というか、とても言葉では言いつくせないほどのショックでした。本当にその写真をみて日本はコロ敗けに敗けたんだなァと思いましたね。

それとは知らずこっちはただ何ごとも天皇のためというわけで一所懸命戦ってきて、その間にたくさんの兵隊たちが死んでいきましたよね。たとえば武蔵が沈んだシブヤン海の深さは、千三百メートルというんですけれども、その千三百メートルの海底に、いまも同僚たちが天皇陛下を抱きしめたまま、三十余年経ったいまも沈んでいるという思いがある。

それなのに天皇が、われわれの昨日まで戦っていた敵の総司令官のところに出かけていったということですね。おめおめとね……。しかもそれがあとになってみると、あのマッカーサー訪問は言ってみれば天皇の御身大事という命乞いみたいなものでしょう。ぼくはその写真を見た瞬間怒りくるったようになっちゃってね。いまでも覚えているんですけれども、あの新聞の写真を千枚通しでめちゃくちゃについたんですよ。いてもたってもいられないような気持ちでね、そのときにぼくは心底天皇に裏切られたと思いました。恥ずかしい話ですけど……。それだけに天皇にのぼせきっていたわけなんです。

当時、軍部や天皇にだまされていたという言葉がはやりましたけれど、ぼくはあれですね、一方的に、自分がだまされていたということで、片付けてしまっていいのかどうか、どうにも納得できなくて、悩みぬいたというと大げさですけども、ぼくはぼくなりに、そのあたりをどういうふうに気持ちを整理していったらいいのか、深刻に考えました。

それでその結論を先に言いますと、結局、天皇をそのように信じていたぼく自身に問題があったんだということ、つまり、ぼくも一人の小さな天皇だったんだということに、逢着《ほうちゃく》したわけですね。そしてそこをクッションにして、ぼくは戦後、すこしずつ世の中のことに目をひらいていったわけです。

その原点は、やはり天皇体験でした。ぼくの場合、戦争体験は、心情的にはそのまま天皇体験というか、天皇を頂点とするこの国の国家体験であったと言ってもいいと思います。で、そのことの無念をはらそうと思って、ぼくは当時、あまり四十七士なんていうのは興味なかったんですけれども、九月二十九日以来、そのことを猛烈に意識しだしましたね。大石良雄流に、辛抱づよくその機会をねらって、とにかく天皇に裏切られた無念をはらそう、この場合、〝主君〟は天皇じゃなくて、こんどこそ主君はおれ自身なんだということで、病床で赤穂浪士なんかをあらためて読み直したりしました。

で、そのことを、何回か書き残そうとしたんですけれども、肺病でずっと寝こんでいたせいもあってなかなか書けませんでした。むろん自分の力がまったく未熟だったんですけれども、はじめの『海の城―海軍少年兵の手記』(一九六九年)を書き上げるまでには、それから二十四年の時間がぼくには必要でした。無念を晴らすにしてはたいへん気の長い話ですが、前半の三分の一ぐらいの下書きは病院のベッドの上で寝ながら書きました。

その過程でぼくがいちばん心にひっかかったのは、自分がなぜすすんで志願までして戦争に行ったかということですね。戦争に行くというのは、ごく簡単に言ってしまえば、人殺しに行くことですよね。殺す側と殺される側があって、兵隊になればそのどちらかにいやでもおうでもつかなければならないわけで、そういうごくあたりまえのことに、当時、ぼくは気がついていなかった。その点ではまったくものが見えていなかったわけです。

ぼくは配置が大砲でしたから、海戦のたびに大砲を射った。確かに射ったわけだから、当然ぼくの射った弾に当たって死んだアメリカ兵もいただろうと思う。そうすると、直ではないから目にみえないにしても、ぼくの手はやっぱり血で汚れているし、汚さざるを得なかったということ、そういう自覚はあらためて、人間として耐えがたかったですね。

ぼくにはそのことが天皇体験を通してだんだんわかってきて、だからそれについて書かなければならないと思ったわけ。どんなへたな形でもいいから、とにかくその真実をレポートしようということで書き残さなければならないと思ったわけです。生き残りの使命感なんていうと大げさになりますが、まあ思いだけは高くても、力がないもんですから、そこへペンがともなっていきませんでした。

日本人自らの手で裁けなかった戦争責任

日本人にはとかく、自分にとってまずいことやいやなことは、すぐサッパリと水に流してしまうという一つの考え方がありますね。東洋的清風というか「流しの思想」というのか知りませんが、それは戦争のことについても当てはまりますね。戦争のことも一過性の台風のように過ぎてしまえば、もうそれで忘れてしまうような、そういう弱さというか、もろさというのがありますね。

水に流すというのは、大事な問題をいい加減のところで外して避けていくということで、弱さと逃げの裏返しなんだと思うんですけれども、そういうあっけらかんとした、こだわりのなさが一つの美徳としてあるというのが、戦争の体験を問題にしていく場合、おさえていく必要があると思いますね。

それから戦争の体験がまごうかたなき体験として生かされずに、このように中途半端な形で流産してしまったのは、結局、ぼくたち日本人が、あの敗戦の八月十五日の時点で天皇を裁けなかったということと大いに関係があると思いますね。とにかく国民的な思想の基盤として、天皇を裁けなかった、また裁くことができなかったこと、戦後の諸悪の根源はまずそこにあるとぼくは思いますね。

じゃ、なぜ裁けなかったかということが問題になると思うんですけれども、それはなんていうのか、当時の日本人のそれぞれが、戦争について、また天皇についてそれぞれの生き方の面で、いろんな負い目があったせいじゃないかと思いますね。ぼくはあまり人様のことは言いたくないんで、自分のことで言いますが、ぼく自身、海軍で敗戦時は二等兵曹でした。二等兵曹というのは海軍ではいちばん下っぱの下士官ですが、それでも下士官は下士官ですからそれだけで、階級的には兵隊よりも天皇に近いわけ。そしてぼくは事実、下士官としての恩典を受けました。

戦争末期になると三十歳から四十歳すぎの補充兵も入ってきましたが、ぼくは十九歳で下士官。ことさら下士官風を吹かしたつもりはありませんけれども、例えば、ある作業で、兵隊が一所懸命汗だくで働いているのに、こっちは腰に手を組んで涼しい顔をしていられたということ、つまり、ぼく自身そこでは「小さな天皇」として振舞っていたわけね。

だから天皇を問題にする場合には、同時にそういう自分を斬らなくちゃならないという面がどうしても出てきます。つまり天皇を弾劾することで同時に自分も斬らなくちゃならないわけね。そこらあたりの手続きが戦後スポッと落ちちゃって、肝心なことはほとんど外からの圧力で処理されてきたし、また見せかけだけの処理が行なわれてきた、この点がいちばん問題だと思いますね。

たとえば極東国際軍事裁判にしろ、あるいは公職追放にしろ、あれは全部、われわれ日本人の手でやったわけじゃない。公職追放も軍事裁判もすべて占領軍の命令で行なわれている。つまり外からのあてがいぶちのやり方ですませておいて、それで問題が処理されたと思いこんでしまっていたわけですね。肝心なことは何一つ日本人自身の手で処理していませんよ。むしろそれをごまかすことには夢中でしたがね。

アメリカ嫌い、三菱嫌い

それからアメリカに対しては、ぼくはいまでも強いアレルギーを持っていて、アメリカは敵国だと思っているので、例えば、アメリカ製品なんかも使わないという主義なんです。いろいろいいものもあるらしいけどね。本なんか出すと、たとえばお祝いだといってパーカーの万年筆をくれる。でもくれた人には悪いけれどそれを使う気にはなれない。また友達の家を訪ねたりすると、台所に草色の大きなアメリカ製冷蔵庫がでんと置いてある。友人の話では性能もいいらしいけど、ぼくはアメリカ製の冷蔵庫なんかただでくれるからといっても、お断わりですね。

それから国産品でも、三菱の製品は使わないようにしています。というのは、戦艦武蔵を造ったのは、三菱の長崎造船所なんですよ。その三菱の重役たちが、ぼくたちが戦場に出ていくときに、これも何回か言ったことなんですけども、おそらくふかふかの回転椅子に腰を沈めて、葉巻でもふかしながら、「いやあ、武蔵じゃもうかったね」というようなことを言ってたんじゃないかね。ぼくたちはというと、彼らが儲けたその艦に乗せられて、戦場に連れていかれて、乗組員の多くは死んでしまったわけよね。それが無念でね。

だから三菱と名のつくものはエンピツ一本でも使わない。ぼくは原稿はエンピツで書くんですが、いまトンボを使って書いてるんです。とにかくどんなちっちゃな電気製品でも、三菱のものは絶対に買わないことにしています。どうも自分で憤懣やるかたないという思いがあるものですから、そこまで徹底していかないと、気持ちのおさまりがつかないんですね。(編集部注＝三菱鉛筆株式会社は、岩崎弥太郎が創業した三菱グループとは無関係)

「戦中派」の大勢順応主義

高校生に、戦争の話をしてほしいということで、おととし一度、高校生を前にしゃべったことがあるんですが、そのとき、武蔵が沈むときに、旗ざおにつかまって、「お母さん」「お母さん」と叫んでいた少年兵のこととか、爆弾の破片で下腹を裂かれてはらわたが出ちゃって、甲板で倒れたままそれをもう一度、自分の腹の中へ詰めようとしている少年兵の話だとか織り込みながら、こういうふうに、あなた方と同じ世代の人たちが、三十三年前に戦争で死んだんだという話をしたんです。

あとで教師に高校生の感想を聞いたんだけれども、「『非常によかった、そういう話はだれもしてくれなかった。はじめて戦争のこわさがわかった』と(生徒が)言っていた」と言ってました。ぼくの話を聞きながら、前列の女子高校生なんか、泣いてましたね。みんな三年生でしたけど。

戦没学生の『きけわだつみのこえ』についても、高校生や若い人たちからよく手紙をもらいます。姉さんが、弟が大学へ入って上京するときに、弟のカバンの中へ『きけわだつみのこえ』をそっと入れてやったという手紙もありました。自分が高校生のときに読んで、感動した本だからということでね。

そのせいもあってか、それから自分のことになるのでちょっと言いにくいけど、『海の城』の読後感を高校生からも送ってもらったことが何度かあります、その中で、ある高校生からお年玉で軍艦のプラモデルをいろいろつくって、勉強部屋にいくつも並べてあるんだけれども、『海の城』を読んでから、それを見るのもいやになった、この模型の軍艦の中で、こんなに血なまぐさいことがあったのかと思うといやになって、みんな壊してしまったというふうな手紙もありました。

ぼくは、そこらあたりにちょっと希望を持ったんですよ。ぼくは戦中派が最近、年とったとか、体が疲れて思うように動けなくなったなんて言われると、それはそれで無理ないと思いますけど、なんだかやりきれないというか、むしょうに淋しくてね。戦後がこんなにまずいことになってしまったのは、ぼくたち戦中派の責任ですからね。でもまだ遅すぎはしない。まだやる手だては残されているんじゃないかというふうに、考えてるんですよ。

しかしね、これはむろんぼく自身もふくめての話ですが、戦後なんだかんだ言っても戦中派はだめだったな。戦争体験をひっさげて、もっと踏みこたえていかなくちゃいけなかったと思いますね。砲煙弾雨の中をくぐってきたとかなんとか言いながら、こんなことを言うと、同世代に「わかっちゃいねえ」なんて怒られるかも知れないけれど、ここぞというところで肝心の腰が十分きれなかったんだね。

いま学校出の戦中派というのはだいたい、会社で言えば幹部級ですよね。部長さん、局長さん、重役さんとか、学校なんかで言えば、古参の教頭か校長の管理職クラス。むろん、ぼくはこういうおエライさんの全部が全部そうだと言うつもりは全くありませんが、その大方は戦争のことなんか忘れちゃっているんじゃないですかね。酒場あたりでひょいと思い出すぐらいのもんで、それは生き方にはつながっていかない。たとえば文部省が「君が代を歌わせるのが望ましい」なんていう通達を出すと、茶坊主みたいに唯々諾々としてすぐそれに乗っかっていくのは戦中派の校長たちですよ。

なにごともさからわず、「御身大事」、大勢順応主義でいく。ぼくはね、そういう戦中派はどこかで、自分をスリ変えているんだと思いますよ。キリストの踏み絵じゃないけど、踏んではいけないものまで土足で踏んづけちゃって、ズルズルべったりにね。第一、人間にいちばんだいじなケジメというものがないんですよ。

戦争中、「高度国防国家の建設」という国策がすべて優先してしまいましたが、そういう「ケジメ」のない大勢順応主義というか、事大主義というか、それがほとんど、そのまま戦後の高度経済成長、すんなりとつながってしまう。戦中も戦後も大勢への乗っかり方は同じですよ、まったく……。あのころは、兵隊にあらずんば人にあらずという形で、軍隊優先主義で高度国防国家というキャンペーンに、みんなそれぞれが乗っかっていった。そしてそれは〝八月十五日〟で破産したわけなんだけど、戦後、こんどは高度経済成長ということになると、戦中体験はなしくずしにして、また同じように手放しで大勢に乗っかっていくわけね。そうすれば人より楽な暮らしができるとか、しあわせになれるとか思いこむ。そう思いこむことによって人間は頽廃していくんだと思いますね。

そういう意味でも戦争体験を伝承していくということは戦中派にはほとんど期待できない。むろんぼく自身も含めてですよ。その点むしろ戦争のセの字も体験しない戦後生まれの世代、あるいはそれよりもっと下の若い世代の方々のほうが、戦争からなにかを学びとろう、という姿勢があるんじゃないかと思いますね。

戦争文学で言えば、『真空地帯』（野間宏著）とか『俘虜記』（大岡昇平著）とか、あるいは梅崎春生、島尾敏雄、原民喜さんの作品とか、すぐれた文学作品がいろいろありますね。それから『きけわだつみのこえ』とか『あの人は帰ってこなかった』（菊池敬一）とか、外地引揚者の悲惨な体験記録とかありますが、そういう作品や体験記録を通して、戦争がなんであるかということを、自分で体験していく、つまり戦争について追試の形の追体験ですね。鶴見俊輔さんのいう予言化された戦争体験、ぼくはそういう体験のほうが、思想的なエネルギーがあるだろうと思いますね。

「戦後」も幻想だった

ぼくは戦争体験が伝わっていかない、伝わりにくくなっているということの一つに、共同幻想の問題を考えているんです。——これは非常に乱暴な言い方ですがね。戦中、戦前も幻想にすぎなかったが、戦後もわれわれは幻想の中で生きているんじゃないかなという気がするんです。というのは、戦前の戦争の体制の中で、裕仁氏は幻想の舞台で立派に天皇を演じ、大元帥を演じ、われわれ国民もそのシナリオに合わせて臣民を演じた。そして高度国防国家・富国強兵のスローガンのもとに、「バスに乗りおくれるな」っていうわけで、われもわれもとバーッともっていかれた。

だからぼくは、天皇を弾劾すると同時に、それを支持した、こちらの責任もやっぱり問題にする必要があると思うの。その国策を支持した責任をね。さっき戦争体験が伝わりにくいといった点も、そこが一つの大きなおとし穴になっているんじゃないかと思うんですよ。戦争をはじめたらワーッとのぼせて勝った勝ったと提灯までもち出して騒いで、敗けて終わったら終わったで、こんどはやれだまされた、やれ裏切られたと言って、騒いでそれですませてしまう。あの戦争だって、とどのつまり国民が協力しなかったらできなかったはずですよ。その事実をぼくたちは見落としてはいけないと思うんですね。つらいことだけどね。

戦後はどうかというと、戦後もやっぱり幻想だね。民主主義だとか、平和憲法だとか、経済成長だとかいったって、一皮はいで見りゃ幻想に過ぎないじゃないのかしら。天皇にしてからが戦後ずっと責任をとらずに、今日までうやむやになってきて、人間宣言ということで開きなおってごまかしてきちゃっている。つまり、天皇は軍服を脱いで背広に着替えたと一緒に戦争のことも忘れちゃったわけね。あの人間宣言なんていうのは、マスコミが流した用語でもともとインチキですよ。あの詔勅を見ればわかるように、「人間」なんていう言葉はどこにも使ってない。なんであれを人間宣言なんていうのかね。

戦争責任というのは、ぼくは心の問題だと思うの。だからその責任をとらないということは、心がないということでしょう。心がなければ人間じゃない。人間でなきゃじゃなんだ、バケモノかということになってくるわけですね。ことのすじみちはそういうことになる。ところが戦後、日本人の大方はそういう無責任な心ない天皇に、右へならえしてしまっている。

最近のロッキードとかグラマン問題とかいうのも、もとはと言えば無責任な天皇に関係があると思いますね。あれは天皇が、「三百万人の人を殺すような宣戦の詔書にちゃんと『御名御璽《ぎょめいぎょじ》』のハンコ押して戦争をはじめろと裁可しておいて、敗けてそれだけの犠牲者を出しても天皇だって責任をとらないじゃないか、だからおれたちだってこれくらいのことは天皇のそれにくらべたら何ということはないや」という気持ちが、ごくあたりまえのこととして、心のどこかにあるんだと思うね。それで先進国だとか文化国家だとか御託をならべてるんだから笑わせる。なにもかもみんな幻想なんだなあ……。

手ごたえのある実体なんてどこにもないというのが、戦後に対するぼくの率直な実感ですね。第一、この国には胸を張って「これが戦後」だと言えるだけの戦後はなかったと思いますよ。敗戦から三十三年経っても、まだ「被爆者援護法」一つできていないじゃないですか。GNP世界第二なんていうのは戦後じゃない。ただ産油国の石油に乗っかっているマボロシですよ。

軍歌は〝A級戦犯〟もの

ぼくが少年時代、どうしてきちんとした正しい戦争のイメージを持てなかったかと言えば、はじめに話したような、物心がついたときにはもう宿命的に戦争体制のなかに組み込まれていたからね。もっとも中には、同じ世代でも水のように醒めていたものもいましたけどね。『焔の中』の吉行淳之介さんなんかはそうですが、ぼくなんかのぼせ症だから、真一文字にもっていかれた口です。いまの子どもたちは、たとえば宇宙戦艦ヤマトとか、ああいう形で戦争のイメージがずっと入ってくるようですが、ぼくたちの時代には、テレビはありませんから、軍艦の絵葉書とか、雑誌の口絵にのっている軍艦の写真とか、そういうのを壁にはってながめて、いつかこの艦に乗って、七つの海を股にかけてやろうなんていう、だいそれた夢を描いていたわけ。要するにおっちょこちょいだったわけ。

もう一つは学校教育の問題がある。当時の学校は「人間としてどうしたら立派に生きられるか」ということより、「どうしたら天皇のために立派に死ぬことができるか」ということを徹底して教えましたからね。

それからぼくは、今まであまり注目されてこなかったと思うんですけれども、当時の歌謡曲とか、軍歌の戦争責任、この問題をだれかもっと本格的にやらないといけないという気がするんですよ。やっているのは児童文学者の山中恒さんぐらいでしょう。あの『ボクラ少国民』の作者ね。

当時のものをコロンビアなんかで収録したりしてよくやっていますね。ぼくらのころは、「太平洋行進曲」とか、「父よあなたは強かった」とか、軍歌なり、あるいは戦時歌謡というんですか、そういう歌が戦争のイメージづくりに果した役割は大きかったですね。なぜ大きいかというと、日本人というのは、情緒的な面で非常に弱いでしょう。たとえばオリンピックに、日の丸の旗があがって「君が代」が吹奏されると、大さわぎしてそこで思考停止するというような、そういう弱さがある。そういう意味でぼくは、戦時歌謡や軍歌の果たした役割は大きいんじゃないかと思う。戦時歌謡や軍歌にもし人格があれば、まず〝A級戦犯〟ものだね。

武蔵にやってきた昭和天皇

武蔵に天皇が見学にきたことがあるんですよ。一九四三（昭和十八）年の六月ですが、連合艦隊が木更津に入りましてそのとき天皇がやってきたわけ。当日ぼくたちは、よそいきの第一種軍装というのに着替えて天皇の一行を迎えた。

そのときのぼくは、いまどきこんなことを言うと笑われるかも知れませんけれど、天皇というのは、背中に燦然《さんぜん》たる金色の後光をしょっているとばかり思っていた。だから指揮官の当直将校が天皇の御召艇が舷梯につくやいなや、「気をつけーッ」と言って、全員に号令をかけて不動の姿勢をとったわけですが、こっちはなにかそのものものしい雰囲気に圧倒されちゃって、ひざががくがく震えるわけですね。生まれてはじめて生身の天皇を見るわけですから……。

そこへ天皇が上がってきた。あの人、ちょっとガニ股ですよね。すこし前こごみになって舷梯を上がって甲板におりましたが、ぼくはふっとその白服を見た瞬間、あれが、天皇かなと思って自分の眼をうたがいましたね。まだあとからホンモノの天皇がくるのかと思った。

当時は山本（五十六）長官が亡くなったあとで、司令長官は古賀（峯一）司令長官で、古賀長官が天皇を長官公室へ先導していったんですが、そのときヒョイッと見ると、天皇は大砲やマストなんかまわりをキョロキョロ見回して落ち着きがないんですね。威厳の点では、古賀長官のほうがずっと堂々として、威厳にみちていましたね。

あれっとおどろいて、「そう言えば、だいぶ猫背で眼鏡をかけたあの顔は、ぼくの村の収入役の斎藤さんという人にそっくりだ」と思った。そう思いながら、一方ではすぐ、「おれはなんてバチ当たりなことを考えるんだろう」と思ったのね。「なんという不忠者だ、畏《おそ》れおおくも一天万乗の大君に対して、村の収入役と同列に考えるとはなにごとか」と、自分で自分を叱責したわけですよ。自分で自分の目にうつった実体を裏切るわけね。

それから天皇はタバコを吸わないんですよ。ですからタバコ盆を下甲板か短艇庫に全部しまっちゃった。軍艦には、タバコ盆というのがあるんです。軍艦には火薬とか魚雷とかを積んでいるんで、火の元は非常に厳重にしている。

そのタバコ盆というのが甲板のところどころにおいてあって、ふだんはそこ以外ではタバコを吸ってはいけないきまりになっているんですが、それを当日は全部、ごていねいに艦底に隠しちゃった。タバコのきらいな天皇にニコチンの匂いやうす汚ないタバコ盆なんか見せては畏れおおいというわけでね。

天皇は一時間ぐらい武蔵にいて帰っていった。そのときみやげに、全員に恩賜のタバコ一箱とお酒の二合びんを一本、置いていったんですが、ぼくはその酒もタバコも畏れおおくて、もったいなくてそのままのまずにとっておいて、そのあとたまたま休暇が出たものですから、それを持って帰って、タバコなんか一本を半分に切ったりして、みやげに村の人に配ったりしたんです。そこまでして天皇をあがめ奉っていたわけですよね。

ところが、ぼくたちから上の世代、徴兵で来た人たちですね。百姓とか旋盤工とか大工さんが徴兵で来ていますよね。そういう人たちはタバコ盆が隠してあったって平気で、艦底に降りていってタバコ吸うわけです。「なに? 天チャンが煙草をきらいだって、そんなこたあ、おれたちゃ関係ねえや」っていうわけで……。かくれてどんどんタバコを吸う。そして「どうも天皇のお神酒はあんまりうまくない」とか、「なんだ、ケチケチしてこんなちいせえ二合びんなんか持ってきやがって、持ってくるんなら、一升瓶とかビール一ダースとか持ってこい……。天皇のくせにやることがちいせいや……」とか、そういうことを平気で言う。それは大人の兵隊たちには本音としてあるわけですね。ところがこっちはそんなことはツユほど思わない、不敬なことを言うやつらだと思って本気で軽蔑していたんですからね。いまになってその眼力に脱帽しているんですが……。

おもしろいと思うのは、たとえば当時農民が、天皇のためだ、国のためだということで表向きは増産、増産と言いながら、一方で、それに反するヤミをやるわけですね。米でも供出分だけ出しておいて、あとは国策にそむいてヤミに流していく。そこに戦争中の農民の抵抗があるし、タテマエとホンネを平気で使いわける。言ってみれば、体をはって生きているものの土性骨みたいなものがあったと思うのですがね。働いてる人たちは一枚岩的にいかない。表ではそれに従いながら、どっかでかならずそれを裏返していく用意がある。そこらに世直しの底力みたいなものが、ひそんでいるのかも知れないと思うな……。

武蔵の古参兵みたいにタバコ盆を隠したって、「なに言ってるだ、天皇が吸う吸わないはむこうの勝手、おれは吸いたいんだから吸うんだ」というわけで吸っている。あすこいらにやっぱり、革命的なエネルギーがあったんだろうね。いざというときの……。

それだけに、あの敗戦の八月十五日、あの時点でぼくたち、復員兵たちは立ち上がるべきだったと思う。武器を持ってね。武器は、とにかく秀吉の検地、刀狩り以来取り上げられちゃってなかったんですけれども、それでもあのとき、復員兵七百万と言われましたから、それが立ち上がったら、小田実さんの言うような「世直し」ができたんじゃないかな。ぼくはその点でも、あのとき復員者の一人として、なんにもできなかった、という無力感にさいなまれる。

やっぱり天皇を裁けなかったのは、死児の齢をかぞえるようなめめしい繰り言になりますが、とにかくあのとき世直しの最高のチャンスをのがしてしまった。「戦後」がこんなことになってしまったのも言ってみれば、そこに源があるんだと思いますね。

戦争のイメージをどう切り返すか

話は飛びますが、たとえば戦時中は、大学とか高校へ配属将校をおきましたね。ぼくはこんどは、あんなヤボなことはしないと思いますね。G大ならG大に〇〇中佐、都立〇〇校にはなにに大尉を配属するとか、そういうヤボな形をとらないでしょう。テレビという、うってつけのマスメディアがありますから、大衆操作でもって危機感をあおって、一挙にもっていくと思うね。「ほら有事立法だ」「ほら北海道があぶない」なんて言われて、みんなワーッともっていかれちゃうんじゃないかね。そういう大衆操作をテレビでやっていけば、ぼくは十日かひと月ぐらいでコロッとひっくりかえるんじゃないかと思います。

日本人は情緒の面で弱いだけにいざというときの踏みこたえもできないから。それでそのままずんずん押しまくられていく。テレビを抜きにした戦争のイメージづくりなんて、これからは考えられないし、そういう点でテレビの果たす役割はかなり大きいんじゃないかと思いますね。

そういう点では、ぼくは第三次大戦の危機というか、いま日・中・米三国同盟ですか、あれでぼくはすぐ反射的に、日・独・伊三国同盟を連想するんですが、第三次大戦の可能性はあるというふうに考えています。それに戦争そのものの形態もぼくらのころのようにドンパチやり合う戦争じゃなくて、これからは「ボタン押し戦争」ですよね。

けれども、殺す側と殺される側の関係は同じだと思うし、そこらあたりから一方的に押しつけられてくる戦争のイメージを、どんなふうに切り返してチェックしていくのかその足がかりというか、とっかかりを、どこにどうつくっていったらいいかってことになると、われわれとしてはついせんだっての大戦の記録なり、体験から学んでいく以外にないと思いますね。それがいちばん手っとりばやい。

ただね、断わっておきますが、ぼくがここで言う戦争というのは、ただ敵と味方に分かれて戦うということじゃなくて、もっと日常的な次元で戦争を考えているわけです。軍隊に入って、シラミやカイセンで泣いたとか、残飯を食べなくちゃいられなかったとか、給与品の員数をそろえるために泥棒したとか、また裟婆で言えば、さつま芋一本、サラシ布一切れ、鉛筆一本のために骨肉がいがみあって争ったとかいうことね。

そういう日常の次元で戦争を考えたほうがいい。戦争というのは、日常生活の総体がこわされて、人間が人間らしく生きられなくなる状態なわけで、そういう状態になったとき、自分はどうなるか、残飯を食うか食わないか、芋一本のために毅然としていられるかどうか、ということをそこに自分をおきかえて考えてみる。

そこから先は想像力の問題になってくるけれども、そこまで自分を問いつめていかないと、戦争を正しくつかまえることはできないと思いますね。そういう極限状況におかれると〝人間の地〟が出てきますからね。ふだんは社会的地位とか、ゼニとか物によってかくれているけれども、戦争のフィルターを通してみると人間のほんとうの姿が、かなりはっきり見えてきますからね。とにかく戦争体験といった場合は、想像力を働かせて、そういう状況におかれたら自分はどうなのかということをトコトン考えておく必要がある。自分ぬきの戦争体験の継承なんてそれ自体まったく意味がない。自分の問題として、それをどの程度、自分の内部にひきつけていくかということね、そのひきつけの度合というか強弱が、戦争体験の継承のケルン（山頂や登山道に石を積み上げて道標としたもの）というか、核になってくるだろうと思いますね。

本当の敵は？

ぼくは、一つは、いまこういうことを考えているんですよ。戦争にこだわって、こんな辛気くさい話をするのは、おそらくごく少数派だと思うし、だからむろん力もないと思うんですけど、そう言ってる間にも、権力側はわれわれにおぞましい既成事実をつぎつぎに押しつけてくる。今度も、例えば、元号法制化というような既成事実を強引に押しつけてきましたね。そういういろんな既成事実を、これからもぼくたちはつきつけられていく。

そこで「まあ、できてしまったことはしようがねえ」というのが、これまでの日本人の発想だと思うんですよね。しかしそれはすこぶるまずいわけで、たとえ既成事実になってしまったことでも、自分が納得できない場合には、あくまでそれを拒否する、チェックするということが大事だと思いますね。ぼくはそういうふうに押しつけられてくる状況に対して、いくら既成事実になったことでも、自分が考えて納得できないものには従わないこと。一にも、二にも、三にも、とにかく従わないこと、その姿勢だけは崩したくないですね。

同じ日本人だ、同胞だなんて言ったって、しょせん権力はわれわれの敵ですからね。これはまちがいないことですよ。敵は倒せの論理ですよ、敵の問題が出たから言いますが、戦争には当然敵はつきものですが、ぼくの戦場体験からいって、当時日常の具体的な敵はアメリカ兵じゃなかった、ぼくら下級兵にとっては。むろん表向きの敵はアメリカ兵にちがいないんですが、そのアメリカ兵は海をはさんで向こうにいるわけですから、そんなにおそろしいと思わなかったのは事実です。ほんとうの敵は、実はぼくのまわりにいる日本の兵隊でした。アメリカ兵というのは、なんだか海の向こうでチラチラしている抽象的な敵なんですよ。

変な言い方ですが、ほんとのおそろしい敵は日本人でしたね。それはぼくらの身近にいる兵長であり、下士官であり、士官だった。いわば味方の中の敵、その敵のほうがほんとうにこわかったですね。とにかく軍隊におけるほんとのおそろしい敵は日本兵だった。アメリカは抽象的な敵だった。目に見えないものですから……。だからぼくたち下級兵は、そういう味方の中の敵の罰直とかビンタに耐えながら、その一方でアメリカ兵とも戦わねばならなかった。つまり、二重の敵と戦ったわけですよ。

それなのに、こんどは敗戦になると「あの戦争はまちがっていた」「やってはならない侵略戦争だった」「これからはアメリカとお手々つないで仲よくしていきましょう」というふうなことになっていった。ぼくは天皇をふくめてそういう無節操で変わり身の早さに戦後ずっと腹をたてているわけです。「きのうの敵はきょうの友」なんていう浪花節は聞きたくない。そんなことを言うくらいならはじめから、戦争をやらなければよかったんですよね。

余命三カ月と宣告されて考えたこと

ちょっと余談になりますが、ぼくは復員して一年半ばかりして結核になりましてね。いまも忘れられないんですが、順天堂病院の軍医上がりの医者に、「こんなに両肺をやられてちゃ君の命もあと三カ月か半年だな」と言われましてね。軍医上がりだから本当のことをズケズケ言うのね。で、そのときとっさに考えたことは天皇のことでした。このままでは死んでも死にきれない、どうせ三カ月か半年の命なら、その前に天皇にぶつかってみようと思って、そのあとお茶の水から九段まで歩いて皇居の濠の幅がどれくらいあるか測りに行ったんです。

そのころぼくは熱が毎日三十八度前後出ていて、体力も消耗しているから向こう岸の土手まで泳いで渡れるかどうかわざわざ見にいったわけ。それでも夜中にこっそり泳いで渡ればだれにも見つからずに皇居内に入ることができるだろう。むろん天皇の部屋はどこかわからないが、捜せばわかるだろう。それこそ四十七士が吉良上野介を炭小屋の中にさがしあてたように、天皇を表にひっぱり出して、これまでの恨みを洗いざらいぶちまけて、目にもの見せてやろうと思いました。

いまになってみると、とんだ笑いごとかも知れませんが、あのときのぼくは本気でした。とにかく、九段の坂の上からあの濠の幅、土手や石垣の高さを目で測りながら、武蔵で遭難して長い時間泳いだことを考えれば、いくら病身でもこのくらいの幅はなんでもない。その気になれば泳ぎきれる、そこから入っていけばなんとか天皇にぶつかるんじゃないか……。そこまで考えたですね。天皇のことだけはなんとも無念やるかたなくてね。その無念はむろんぼく個人の恨みもあったのですが、同時にやはりいっしょに戦って死んでいった同年兵たちの恨みも晴らしてやろうという気持ちもあったんですね。戦争に敗けたのも知らずに、じっと天皇陛下を抱きしめたまま海底に沈んでいる彼らが哀れでね。ぼくは生きて帰ってきて、戦争の誤りを知ったし、この目で天皇の正体を見とどけたんですが、死んだ彼らはそれを知るすべもないわけですからね。その無念の思いだけは三十四年たったいまも、変わりません。

〝戦友の位牌片手の人生〟という思い

だからぼくは時として、酒なんか飲みながら、こんなことになるなら、戦後、ぼくはあまりたいしたこともしなかったし、長い間病気して悶々としていましたから「あのとき、やっぱり死んだほうがよかったな」というような気持ちが、いつも影のようについてまわってるわけです。

〝戦友の位牌片手の人生〟という思いがいつもあって、底まで突きぬけるようなスカッと澄んだ気持ちは、復員後ついぞ味わったことはないですね。めめしい男なんだな、ぼくは……。

そんなふうですから、日常の生活の中でいろいろいやなことやつらいことがあっても、結局、この先には死ってことがあるんだ、そこに救いがあるんだなということで、同僚が死んだことと自分がいまこうして生きてることの負い目みたいなものが、いつもあやもつれてだぶっているんですよ。

ある友人たちがぼくが飲んだりしたときに、ついそんなことをぶつぶつもらしたりすると、すぐ「おまえ志願したのは十六じゃないか、十六のときから何年いたというんだ、昭和十六年五月に入ってから、敗戦までいたわけだから戦争といったってお前の場合、たった四年ちょっとじゃないか、いまなら大学生活の年限だ、それなのになぜいつまでもこだわってるんだ、もうあれから三十四年たってるんだぜ、いいかげんにして太平楽にやったらどうだ、もう先は見えてるんだから」と言われますね。

だけどもあの四年間というのは、ぼくにとってたいへんな四年間であって、戦後の三十年というのは、いわば影のようなものです。ぼくは傾いて沈んでいく武蔵の旗ざおにしがみついて「お母さん、お母さん」と叫んでいた同僚たちを、どうすることもできなかったし、ある場合には見殺しにして、自分だけおめおめと生きてきたんだということで、その点で、ぼくは死者を語る資格はありません。

だから靖国神社の問題について、ぼくが非常に怒っているのは、あれは死者を政治の手段にして死者をもう一度殺すということでしょう。それで怒っているんですよ。ぼくは、死者は死者として語らしめよということで、生者がみだりに死者を語っちゃいけないと思うんです。確かに死者は、生者の中にしか生きられないわけで、死者はひっそりと自分の心の中に、自分の日常の中に生かすべきであって、それをことごとしくああいうふうな形で、A級戦犯合祀だの、国のために死んだのだから祀ってどこが悪いなんていうのは言語道断ですよ。

おそらく、同じ戦中派でもぼくなんかは、はたからみたらヘそ曲りだとか、こだわりすぎるとか言われるかも知れないけれど、この節、そんな気持ちで居直ってないと、とても生きていけないんじゃないかという気がします。そんなわけで人様になんと言われても、ぼくはぼくなりに、これからも戦争のこと、死者のことに、こだわって生きていく以外にないんじゃないかと思っていますね。

(聞き手・思想の科学編集部)

私たち一人ひとりが「ビッグブラザー」かも知れない

森 達也

　高文研編集部の真鍋かおるから「対談本を企画しています」とのメールが最初に届いたとき、僕は女性の編集者を想定した。しかも名前の印象としては、おそらくは相当な美人編集者だ。でも実際は違った。むくつけき男だった。だから依頼を断ろうかと思った。その逡巡や躊躇いは、対談の最初の頃の僕の言動に、とても明確に現れている。真鍋が実は男だったことの衝撃と落胆に加え、渡辺清を語る「今の」代表として、自分がふさわしいとはとても思えなかったからだ。いや過去形ではない。対談が終わった今もそう思っている。

　でも始めてしまった。相変わらず主体性がない。仕方がない。始めたからにはそれなりに中身のある対談本にしたい。こうして昨年の夏から今年にかけて、古書店をやネットのオークションでやっと入手した渡辺清の何冊もの本を間に置いて、僕と斎藤貴男は言葉の応酬を続けてきた。

　歴史の英訳である「history」の語源は、古代ギリシア時代のヘロドトスが著した全九巻の大著

「歴史（historiai）」からきている。「historiai」は古代ギリシア語で、「調査・探究」を示す。ヘロドトスのこの世界最初の歴史書は、ペルシア戦争の記述が縦軸となっている。

　第二次世界大戦が終わってから六〇年余りが過ぎた現在、僕が生まれたこの国の歴史認識は激しく揺れている。でも今に始まったことではない。ヘロドトスが残した「historiai」についても、後世の思想家プルタルコスが、「ヘロドトス個人の戦争観に歪められた歴史が記述されている」と激しく批判している。歴史の認識は常に揺れる。当たり前だ。たった今、目の前で起きた事実の解釈ですら、それを目撃した人がどの位置にいたかで実相は違う。その積み重ねが歴史なのだ。だからこそ反ファシズムのイタリアの歴史学者ベネデット・クローチェが残した「すべての歴史は現代史だ」なる言葉を、僕はこれから先も何度も噛み締めたい。大切なことは今だ。

　ジョージ・オーウェルが描く『１９８４』（ハヤカワ文庫）は、発刊された一九四九年当時は、反共思想のバイブル的な扱いでイギリスやアメリカなどの自由主義諸国でベストセラーとなった。ならば冷戦構造が終わった現代において、この作品は輝きを失ったのだろうか。

　そんなことはない。街や家庭にはテレスクリーンなる双方向テレビジョン（つまり監視カメラ）が増殖し、思想・信条は言うに及ばずあらゆる日常生活に統制が加えられ、オセアニア、ユーラシア、イースタシアという三つの超大国によって分割統治されながら紛争や戦争が絶えない『１９８４』の世界は、まさしくテロによって管理統制が急速に促進しつつある今のこの世界の写し絵である。

実在するかどうかすら定かではないビッグブラザーが統治するこの超管理国家で、新語法として強制されているのがニュースピークだ。すなわち言葉の単純化。あらゆる事象や現象は簡略化され、曖昧さや端数は切り捨てられ、単純なダイコトミー（二分法）に矮小化される。もしも誰かが一言「ビッグブラザーは俺たちが作りだした共同幻想の産物だ」と叫べば、この国の状況は大きく変わるのかもしれない。でも思考の簡略化と貧弱な語彙に馴致してしまった人たちは、その発想を持てなくなる。

戦後の時代を生きながら渡辺清は、「ビッグブラザーは俺たち自身なのかもしれない」と煩悶し続ける。そして声をあげた。その記録を僕は突きつけられた。ならば編集者が美しい女性ではなかったなどの理由で企画を拒絶できるはずがない。

『１９８４』の主人公であるウィンストン・スミスは、真理省記録局の党外局員として、歴史記録の改竄作業を日々の業務としていた。歴史は常に改竄される。意図的かどうかは問題ではない。過去の時間をリアルタイムに記録などできない。つまり歴史は編集（改竄）される存在なのだ。それを踏まえたうえで、悶え、悩み、葛藤する人の残した記録を僕は優先する。「美しい」とか「凛として」とか「毅然として」とか「品格」などの語彙を、何の後ろめたさもないままに口走るような人の記録は信用しない。

もちろん頼もしいパートナーの存在は重要だ。斎藤貴男もまた、渡辺と同様に煩悶し、葛藤し、そして発言する男だ。決して剛直なだけではない。実は弱い。ここには書かないけれど、とても弱い箇所を僕は幾つか知っている。だからこそ信用できる。それに僕よりは相当に勉強家だ。

僕は身体派だ。身体や感覚から入る。論理はあとづけだ。実は数年前まで、自分のことをけっこう論理派だと思っていた。でも斎藤に会って考えを改めた。

斎藤は勉強する。同時に現場で取材する。感覚と論理のバランスが絶妙だ。決して書斎派ではないが、僕のように感覚バカでもない。一言にすれば、論理で武装した繊細な身体感覚が斎藤だ。僕に欠けているものをたくさん持っている。ならば何とかなるかもしれない。

……何とかなったかどうか、その判断はあなたに委ねたい。僕がすることじゃない。自分がふさわしかったかどうかは別にして、対談の内容については、僕はとても満足していることを最後に記す。

渡辺清の遺した言葉は重かった

斎藤　貴男

森達也さんとの対談はいつも楽しい。まして今回の肴は故・渡辺清さんである。有意義な読み物に仕上がったかどうかは読者の評価に委ねるしかないのだが、当事者としては実に愉快であった。

いや、こんな表現では不謹慎だし説明不足だ。かつて戦艦武蔵の乗組員で、誰よりも戦争の本質を知り尽くした渡辺さんの遺された言葉はどれも、現代に至るこの国のありようを見据えて離さない。その炯眼《けいがん》に触れながら、実際に進行しつつある悪夢のさらに先について語り合った合計四回、一五時間ほどに及ぶ一種の確認作業は重く、やりきれないものでもあった。ただ、森さんの豊かで軽妙な語り口はそうした暗い部分を補って余りあり、相方の私も乗せられて、気持ちのよい充実感に浸ることができた。

東京大学教授の高橋哲哉さんとの対談をまとめた『平和と平等をあきらめない』（晶文社、二〇〇四年）をはじめ、私が主役の片割れを務めたいわゆる対談本は、これで何冊目になるのだろうか。森さんとは新右翼の鈴木邦男さんとの鼎談で、『言論統制列島』（講談社）を出したのが二年前の二〇〇五年だったか。

相方と何度か会って話をすれば、あとは編集部が録音テープを起こして構成してくれるのが対談本のパターンだ。一から一〇まで自分で調べて書くよりずっと楽なのは確かだから、企画の提案があると、つい安易に引き受けてしまう。で、すぐに後悔するのが常である。

対立する意見の持ち主との論戦なら、相手を論破することに全力を傾ければよい。それはそれで難儀なことだし、剣呑《けんのん》な雰囲気に包まれもするけれど、格差社会や監視社会、戦争と経済など、私には私が一応の取材を積み重ねてきた、得意なテーマしか割り振られてこないので、特に負担も感じないでこれた。

むしろ森さんのように、基本的な立場を同じうする者同士のほうが、時に辛い場合がある。自分が相手より見劣りし過ぎては恥ずかしいという、また違った緊張を強いられるから。対談に臨んで、あるいはゲラ刷りに手を入れる段階になっても、意識のどこかに、必死でもがいている自分がいるのだ。そうしたプロセスを経てこその、今回の充実感なのである。

時代はつくづく苛酷である。日本はもはや戦時下にあると言って過言でない。戦争という単語から多くの人々が連想する被害者としてのイメージと、私たちの目の前にある現実の光景とがかけ離れているから、わかりにくいだけの話だ。

とりあえず語るべきことは語った。あとはどうか、読者の一人ひとりに考えてみてもらいたい。

本書の企画は高文研の真鍋かおるさん（男性）の発案による。彼の大活躍がなかったら、本書は成立し得なかった。森さん、真鍋さん、そして本書を手に取ってくださった皆さん、本当にありがとう。

斎藤貴男（さいとう・たかお）
1958年東京生まれ。ジャーナリスト。
著書：『カルト資本主義』『機会不平等』（以上、文春文庫）、『プライバシー・クライシス』（文春新書）、『分断される日本』（角川書店）、『安心のファシズム 』『ルポ改憲潮流』（以上、岩波新書）、『空疎な小皇帝―「石原慎太郎」という問題』『報道されない重大事』（以上、ちくま文庫）、『平和と平等をあきらめない』（共著、晶文社）、『憲法が変わっても戦争にならないと思っている人のための本』（共著、日本評論社）、『みんなで一緒に「貧しく」なろう』（対談集、かもがわ出版）ほか多数。

森 達也（もり・たつや）
1956年広島生まれ。映画監督・ドキュメンタリー作家。
映像作品：『A』『A 2』『職業欄はエスパー』『放送禁止歌』。
著書：『悪役レスラーは笑う―「卑劣なジャップ」グレート東郷』（岩波新書）、『下山事件（シモヤマ・ケース）』（新潮文庫）、『世界と僕たちの、未来のために―森達也対談集』（作品社）、『いのちの食べかた』『世界を信じるためのメソッド』（以上、理論社）、『世界が完全に思考停止する前に』（角川文庫）、『日本国憲法』（太田出版）、『戦争の世紀を超えて』（共著、講談社）、『ご臨終メディア』（共著、集英社新書）ほか多数。

元戦艦武蔵乗組員の「遺書」を読んで考える
日本人と戦争責任

●二〇〇七年 四 月二〇日――――第一刷発行

著 者／斎藤貴男・森 達也
発行所／株式会社 高文研
東京都千代田区猿楽町二―一―八
三恵ビル（〒一〇一＝〇〇六四）
電話 03＝3295＝3415
振替 00160＝6＝18956
http://www.koubunken.co.jp

組版／株式会社WebD（ウェブ・ディー）
印刷・製本／株式会社シナノ

ISBN978-4-87498-379-9 C0036